AF515633

चमार की चाय

चमार की चाय

श्यौराज सिंह बेचैन

वाणी
प्रकाशन

प्रकाशन के उत्कृष्टतम 63 वर्ष

vaniprakashan.com

सजिल्द पहला संस्करण : 2017
सजिल्द दूसरा संस्करण : 2020
सजिल्द तीसरा संस्करण : 2026

वाणी प्रकाशन
4695, 21-ए, दरियागंज, नयी दिल्ली-110 002
फ़ोन : + 91 11 23273167, 23275710
शाखाएँ
अशोक राजपथ, पटना-800 004, बिहार
कॉफ़ी हाउस कैम्पस, महात्मा गांधी मार्ग, प्रयागराज-211 001, उत्तर प्रदेश
महात्मा गांधी अन्तरराष्ट्रीय हिन्दी विश्वविद्यालय, वर्धा-442 001, महाराष्ट्र
sales@vaniprakashan.in
vaniprakashan@gmail.com

Chamar Kee Chay
by Sheoraj Singh Bechain

ISBN : 978-93-5229-606-4
Collection of Poems

© श्यौराज सिंह बेचैन

मूल्य : ₹ 550

इस पुस्तक के किसी भी अंश का किसी भी माध्यम में उपयोग
करने के लिए प्रकाशक से लिखित अनुमति लेना अनिवार्य है।

जी.एस. ऑफ़सेट, दिल्ली-110 095 में मुद्रित

वाणी प्रकाशन का लोगो मक़बूल फ़िदा हुसैन की कूची से

समर्पण

जिन्होंने
कार्ल मार्क्स के साम्यवाद की संकल्पना से पहले
मानव जीवन की भौतिक आवश्यकता समझी
और 'बेगमपुरा-शहर' के रूप में
समान भाव से सब के सुख की कामना की—

उन्हीं गुर रैदास को जिन्होंने लिखा—
ऐसा चाहूँ राज मैं, जहाँ मिले सबन को अन्न।
छोट-बड़े सब सम बसें, रैदास रहे प्रसन्न॥

—श्यौराज सिंह बेचैन

श्यौराज सिंह बेचैन की कविताएँ पढ़ते हुए

–ओमप्रकाश वाल्मीकि

'परिवेश' द्वारा आयोजित परिसंवाद ''हिन्दी क्षेत्र में दलित चिन्तन और लेखन की चुनौतियाँ और सीमाएँ'' विषय पर चर्चा के दौरान कई विरोधाभास उभरे। गैर दलित और दलित रचनाकारों के बीच एक सीमा रेखा भी स्पष्ट तौर पर दिखाई दी। इस सीमा को साहित्य के लिए घातक मानकर कई विद्वानों ने दलित साहित्य की वैचारिकता के प्रति संशयात्मक रुख भी अपनाया। यहाँ तक कि प्रगतिशील जनवादी और वामपन्थी भी इसी सीमा रेखा के प्रति आशंकित दिखाई पड़े। परिचर्चा में एक वरिष्ठ रचनाकार ने इस बहस का सरलीकरण करते हुए कहा कि 'घोड़े पर लिखने के लिए घोड़ा होना क्यों ज़रूरी है?' गम्भीरता का मुखौटा पहनकर आतंकित कर देने वाली बौद्धिक मुद्रा में दलित साहित्य की ओर उछाला गया वह सवाल बहस की सम्भावनाएँ जगाता है।

घुड़साल में जाये बिना, दूर से देखकर घोड़े पर लिखे गये साहित्य की प्रामाणिकता स्वयं ही प्रश्न बन जाती है। घोड़े की दुलत्ती चाल, उसकी मांसपेशियाँ, उसके कान, पूँछ और उसकी वफ़ादारी तक सीमित होकर रह जाने वाला साहित्य घोड़े के जीवन की गहरी छानबीन दिखाने में असमर्थ होता है। वह साहित्य यह नहीं बता पायेगा कि दिन भर की सवारी ढोने के बाद चारे की एवज़ में डाले गये रूखे-सूखे घास-फूँस को देखकर घोड़े की क्या प्रतिक्रिया थी? उसकी वफ़ादारी का अर्थ क्या है? वह अपने मालिक के विषय में क्या धारणाएँ रखता है। उसके मन में क्या उठ रहा है? ये सवाल घोड़े के हैं, न कि घुड़सवार के।

इन सन्दर्भों में जब साहित्य से साक्षात्कार होता है तो अन्तर स्पष्ट हो जाता है। गत कुछ वर्षों में हिन्दी दलित साहित्य में जो हलचल दिखाई दी है उसमें कई नाम उभरे हैं, उनमें से एक नाम डॉ. श्यौराज सिंह बेचैन का है। श्यौराज सिंह बेचैन का कार्य शोध, आलोचना, कथा, कविता और पत्रकारिता आदि कई

विधाओं में है। लेखन की उनकी हर विधा के केन्द्र में दलित समस्या है, दलित जीवन के प्रश्नों से जूझता हुआ उनका अत्यन्त संवेदनशील कवि है और वह अपने पूरे दायित्वबोध के साथ है। उनके कविता संग्रह 'क्रौंच हूँ मैं' को पढ़ते हुए ऊपर उठाये गये सवालों से रूबरू हुआ जा सकता है। इसी शीर्षक की कविता में श्यौराज सिंह बेचैन कहते हैं कि–'आदि कवि वंशज नहीं हूँ मैं...बल्कि क्रौंच हूँ, भुक्त भोगी, तुम्हारे तीर का शिकार, मेरा दर्द, मेरा सन्ताप...एक प्रेक्षक की अभिव्यक्ति नहीं है। बल्कि भोगे हुए यथार्थ की हक़ीक़त है, जिसका मैं स्वयं साक्ष्य हूँ।' कवि का यह दर्द बनावटी या काल्पनिक कतई नहीं है, भीतर कहीं जलते अंगारे-सा है। जिसकी आँच से साहित्य की गरिमा और उसकी प्रामाणिकता का विस्तार होता है।

इसी संग्रह में 'भूकम्प' शीर्षक कविता में कवि ने वर्तमान राजनीति पर तीखा व्यंग्य किया है। लोकतन्त्र में जहाँ 'लोक-मंगल' की भावना सर्वोपरि होनी चाहिए। वहीं 'लोक' ग़ायब है, बचा है सिर्फ़ 'प्रपंच' इन्सान मात्र एक वोटर है, राजनीति के दाँव-पेंच में मानवीय संवेदनाएँ कहीं नहीं हैं। श्यौराज सिंह बेचैन आज़ादी को सर्वोपरि मानते हैं। वे लिखते हैं–

वो मुझे मान भी दें
प्यार भी दें,
शोहरत भी दें।
मेरी आज़ादी न देंगे
तो कुछ नहीं देंगे। (मतदाता, पृष्ठ 26)

'आज़ादी' की ललक कवि के भीतर आशा का संचार करती है, कवि इसके लिए हाथ पर हाथ रखकर नहीं बैठा है, वह चुप नहीं है, बल्कि व्यापक वंचित-दलित लोगों को आज़ादी दिलाने-पाने का हर सम्भव उपक्रम करता है और आह्वान करता है–

कुएँ तालाब में बदलने दो
दीये मशाल में बदलने दो
मैं मुतमईन हूँ सुबह को
हम भी पहुँचेंगे–
चाल धीमी है, तो भूचाल में बदलने दो (जिसको आज़ादी नहीं, पृष्ठ 26)

ऐसी ही एक कविता है 'समूह गान' जिसमें कवि ने क्रान्तिधर्मिता को सामूहिकता के साथ जोड़ा है, संकीर्णता और साम्प्रदायिकता पर तीव्र प्रहार किया है।

श्यौराज सिंह बेचैन ने छात्रों, दलितों, मज़दूरों और किसानों के विभिन्न संगठनों में रहकर वर्षों काम किया है, उनकी खूबियों-खामियों, संगतियों-विसंगतियों-विरोधाभासों, दोहरे मानदंडों, संकीर्ण मनोवृत्तियों और स्वार्थ लोलुपताओं को निकट से देखा है, अनुभव किया है। उनकी 'चेला-गुरु' शीर्षक रचना में आगे अनुभव-जन्य व्यंग्य को देखें–

गुरु मैं उसे रखूँगा जैसे
'कामरेड' जाति को रख कर
उसमें लिप्त नहीं होते हैं?
अथवा जैसे न्यासी
धन के संरक्षक होते हैं बेशक
पर आसक्त नहीं होते हैं,
गुरु मैं इसे रखूँगा वैसे। (चेला, पृष्ठ 28)

श्यौराज सिंह बेचैन की कविताओं में सीधे सहज शब्दों में बिना लाग-लपेट के, गहरी व्यंग्यात्मक अभिव्यंजना छिपी होती है, सहज सरल रोज़मर्रा के शब्दों से सामाजिक, राजनीतिक, आर्थिक सरोकारों को अभिव्यक्त कर देना कवि का वैशिष्ट्य है, 'ढोंग', 'हस्तक्षेप', "खून हमारा' (फरेब नहीं), 'अपराध बोध', 'न मरने के लिए', कवि की ऐसी ही सशक्त कविताएँ हैं, जो दलित चेतना की प्रतिबद्धता को रेखांकित करती हैं।

युगों-युगों से प्रताड़ित-शोषित, साहित्य संस्कृति से वंचित मानस जब स्वयं को साहित्य से जोड़ता है तो दलित साहित्य/कविता उसकी निजता को पहचानने की अभिव्यक्ति बन जाती है। हाशिये से भी बाहर कर दिये गये, इस समूह की पीड़ा जब शब्द बनकर सामने आती है, तो वह असह्य स्थिति की पराकाष्ठा होती है। सदियों से दबा आक्रोश शब्द की आग बन कर फूटता है। तब भाषा और कला की परिमितियाँ उसे सीमाबद्ध करने में असमर्थ हो जाती हैं, जैसे कवि श्यौराज कहते हैं–

लीक से हट कर चला हूँ
लीक से हट कर चलूँगा
मौत सी ख़ामोशियों में
मैं तुम्हें ज़िन्दा मिलूँगा। (पृष्ठ 45)

साहित्य द्वारा समाज की हलचलों और परिवर्तनों को देखा जाता है। यदि साहित्य वर्तमान को नकार कर सिर्फ़ अतीत में ही डुबकियाँ लगाता रहे तो रोजी-रोटी के लिए खटता, सामाजिक विद्वेष सहता, आर्थिक-शैक्षणिक और

राजनीतिक तंत्र से छला जाने वाला दलित शोषित, वर्ण सापेक्ष आभिजात्य साहित्य को स्वीकार करे भी तो कैसे? उसे यह सब खोखला और बनावटी लगता है। इसी विश्वास को पाने, स्वाभिमान जगाने, आत्मविश्वास को टिकाने और अस्मिता की जद्दोज़हद के लिए, दलित साहित्य उभरा है। जिसे भारतीय साहित्य इतिहास की एक महत्त्वपूर्ण घटना माना जाना चाहिए। दलित साहित्य का उन्मेष संवेदनात्मक अभिव्यक्ति है, जो कलात्मक पैंतरेबाजी पर विश्वास नहीं करती। श्यौराज सिंह बेचैन की कविताएँ इस तथ्य को मज़बूत करती हैं। अतः इन्हें इसी सन्दर्भ में ग्रहण किया जाना चाहिए। और यह मानकर चलना चाहिए कि कवि बेचैन जी जितना कह रहे हैं उससे अधिक उनके पास कहने-लिखने को है जो सुनने और पढ़ने वालों के लिए नया भी है।

हिन्दी अकादमी दिल्ली के सौजन्य से प्रकाशित 'क्रौंच हूँ मैं' कविता संग्रह में कुल अस्सी कविताएँ हैं, पुस्तक की भूमिका हिन्दी के प्रतिष्ठित कवि केदारनाथ सिंह ने लिखी है, जिनका विश्वास है—''अपने भावलोक की विविधता के कारण प्रस्तुत संग्रह अपने अभीष्ट पाठक को आकृष्ट करेगा...''

इस पंक्ति में 'अभीष्ट पाठक' हिन्दी जगत की सोच और मानसिकता को अनजाने ही अभिव्यक्त कर देता है। यह शब्द समकालीन हिन्दी कविता के एक शीर्षस्थ कवि का है। इसीलिए उल्लेखनीय हो जाता है। क्या कविता अभीष्ट पाठक को ध्यान में रखकर लिखी जाती है? यदि यह सच है तो हिन्दी के मंचीय कवि लतीफ़ेबाजी कर के कुछ गलत नहीं कर रहे हैं। क्या साहित्य का प्रयोजन इससे पूरा होता है? 'क्रौंच हूँ मैं' कविता-संग्रह पढ़ते हुए यह शब्द लगातार पीछा करता है।

दलित साहित्य की अवधारणाएँ इस जड़ता को तोड़ती हैं। इसलिए कि उसका अभीष्ट समूचा समाज है। बल्कि श्यौराज सिंह जैसे कवियों की कविताएँ तो देशों की भौगोलिक परिधियों के भी आर-पार जाती-आती हैं।

(श्यौराज सिंह बेचैन की कविताओं पर 'जूठन' (आत्मकथा) से प्रसिद्ध हुए दलित लेखक ओमप्रकाश वाल्मीकि के ये विचार 'अमर उजाला', 'सजग प्रहरी' और 'वायस ऑफ दी वीक' से साभार उद्धृत हैं)

वर्तमान समय का अपरिहार्य कवि

–डॉ राजेन्द्र बड़गूजर

साहित्य में कविता कवि की सहज अनुभूति का सर्वाधिक त्वरित रूप है। इसका सहज प्रस्फुटन पाठक के लिए सहज ग्राह्य बनकर भाव की एकरसता कायम करता है। इसलिए कविता अन्य विधाओं से अधिक सशक्त माध्यम है। साहित्य में भी दलित अभिव्यक्ति का प्रारम्भिक दौर काव्य ही रहा। कबीर, रैदास के दोहों एवं पदों में तत्कालीन वर्ण एवं जाति व्यवस्था के प्रति गहरी वितृष्णा मिलती है। उन्होंने तर्क के आधार पर इस भेदभाव का खण्डन किया। उनकी कविता की यही विषय-वस्तु बाद में दलित साहित्यकारों की प्रेरणा बनी। स्वामी अछूतानन्द 'हरिहर' आदि की कविताओं में भी बीसवीं सदी के पूवार्द्ध में कबीर की टीस मिलती है। डॉ. श्यौराज सिंह बेचैन दलित चेतना की काव्यात्मक अभिव्यक्ति के प्रमुख हस्ताक्षर हैं। उनका चिन्तन कबीर और गुरु रैदास की वाणी की आधुनिक धार लिये हुए है। उनके साहित्य में जो है, वह उनके व्यक्तित्व का हिस्सा है। उनका व्यक्तिगत जीवन किसी दर्दनाक हादसे से कम नहीं है। उनकी शैक्षिक यात्रा और वर्तमान की उपलब्धियाँ घने कष्टों और जिजीविषा की दृढ़ता का परिणाम है। उनकी आत्मकथा 'मेरा बचपन मेरे कन्धों पर' को डॉ. कालीचरण स्नेही 'प्रेरणा का पावरहाउस' वैसे ही नहीं कहते हैं। यह आत्मकथा भारतीय दलित परिवारों में पल-बढ़ रहे तमाम अभावग्रस्त बच्चों की प्रतिनिधि आत्मकथा है। कवि बेचैन के दो कविता संकलन 'नयी फसल', 'क्रौंच हूँ मैं' प्रकाशित हो चुके हैं। इनके अलावा भी उनकी अनेक कविताएँ विभिन्न पत्र-पत्रिकाओं एवं पुस्तकों में प्रकाशित हो चुकी हैं।

बेचैन जी आज तक लिखे गये तमाम साहित्य को भोंथरा सिद्ध करते हैं। सच्चाई यह है कि भारत में द्विजों द्वारा लिखा गया साहित्य एक छलावा है। वह लेखक के मूल व्यक्तित्व का दिग्दर्शन न होकर शब्दाडम्बर मात्र है। फलतः

पाठक पर भी यह बात उसके पठन तक अघोषित रूप में पहुँच जाती है और वह केवल शाब्दिक रूप में पढ़ता भी यही रहा है। चाहे वह हरिवंश राय बच्चन हों या निराला या फिर प्रेमचन्द। कहने को तो यहाँ तक कह दिया गया कि प्रेमचन्द आदि तथाकथित साहित्यकार दलित चेतना के कवि थे, परन्तु वास्तविकता जग-जाहिर ही है। दलित कवि बेचैन उनकी नीली आँखों को भलीभाँति समझते हैं–

बच्चन जी के
मदिरालय में
नीरज ने पीकर गाया।
चतुरी चमार के घर
छिप-छिप कर
मटन निराला ने खाया।
मुक्त रहे सब अकवि
जगत के
उनको क्या लेना-देना?

'इकतारा' बेचैन जी की एक लम्बी और बहुआयामी कविता है। जिसमें उन्होंने द्विज कवियों की कवि-मंशा को उघाड़ कर रख दिया है। कविता द्विज कवि की साध्य रही है। कवि बेचैन इन कवियों को कातिल की संज्ञा देते हैं। आज तक इतिहास में इन्होंने नैतिकता, समानता और स्वाभिमान का कत्ल ही किया है। इस देश के हज़ारों सालों में जो कविताओं की रचना हुई है, उन्होंने वैमनस्य, दकियानूसी और फूट का ही निर्माण किया है। जार-कर्म को बढ़ावा दिया है। द्विज कवि की कविता कामोद्दीपक बनी है–

ढूँढ़ रहा क्यों कविता कामिन
है कवि कातिल आवारा।
तुन तुन
तुनन तुना तुन
बोल रहा है इकतारा

द्विज कवि की कविता या तो 'स्वान्तः सुखाय' रही या 'स्वामिनः सुखाय' रही। दलितों का सन्दर्भ तो उसमें हमेशा घृणास्पद ही रहा। कवि बेचैन की कविता 'अछूत हो' में वे तमाम अछूतों को चेताते हैं कि जिस कवि के शब्दाडम्बर में वे अपना हित समझ रहे हैं, वास्तव में वे ही उसके लिए घातक हैं। उसकी पीड़ा, दर्द या व्यथा तो उसके अनगढ़ शब्दों में से ही बयां होगी। दलित साहित्य ही

उसके दर्द का बखान कर सकता है–

तुम कहीं किसी चर्चे में
नहीं थे
किसी कवि की
कविता में तुम नहीं थे
तुम्हारी हर व्यथा
हर यातना
अनकही
कहानी थी।

हिन्दी साहित्य में लम्बे समय तक एक जद्दोज़हद यह भी चली कि सवर्ण लेखक स्वयं दलित कवि या लेखक होने की दावेदारी करते रहे। उन्होंने दलित कवियों पर भाषा की अनगढ़ता, अभिव्यक्ति की अपरिपक्वता और न जाने क्या-क्या आरोप लगाकर सिद्ध करने की कोशिश की कि दलित साहित्य भी वे ही लिख सकते हैं। अनेक सवर्णों को दलित चेतना का साहित्यकार सिद्ध करने की भरपूर कोशिश हुई। कवि श्यौराज सिंह बेचैन उनके इस षड्यन्त्र को भली-भाँति ताड़ते हैं–

मैं बोला
तो उन्होंने रोक दिया कि
तेरी बात
हम कह चुके हैं।
शालीनता के साथ
अलंकार और
शृंगार में सजाकर
मनोरंजनात्मक शैली में।

पर दलितों का साहित्य मनोरंजन का साहित्य नहीं है। वह 'कहने का ही' साहित्य नहीं है। वह चेतना और ऊर्ध्वगामिता का साहित्य है। उसमें शब्दों की सजावट, बुनावट या अलंकार की अनिवार्यता नहीं है। वह राज्याश्रित कवि की कामुकता का साहित्य नहीं है। वह निरन्तर चेतना का प्रवाह करने का स्रोत है। कवि अपनी कविता को उपजाऊ जमीन में बिखेरे बीज की संज्ञा देते हैं। अनुकूल खाद-पानी और वातावरण मिलने से वह बीज अंकुरित होगा और पूरी कौम को धन-धान्य से सराबोर करेगा। आगामी नयी पीढ़ी उसके फल खायेगी और अपना कर्त्तव्य-पथ निर्धारित करेगी।

बीज विचारों के
हम बो दें
काटेगी नव पीढ़ी
समता की मंज़िल
पहुँचे
चढ़ लोकतन्त्र की सीढ़ी।

कवि की कविता के मूल मन्त्र—समता, स्वतन्त्रता, लोकतन्त्र, न्याय और अवसर आगामी पीढ़ी में पहुँच जाएँगे। वे कविता के माध्यम से वर्ण और जाति व्यवस्था जनित हीन, द्वेष और घृणा को समाप्त करना चाहते हैं। उनकी तार्किक दृष्टि अपने हज़ारों वर्ष पहले के पूवजों की अथाह पीड़ाओं को महसूस कर उठती है। वे अपने पूर्वजों की गुमनामी की तहों में जाकर सोचने-विचारने लगते हैं। वे स्पष्ट रूप से उन कारणों और प्रक्रियाओं के गवाह बनकर उभरते हैं जिसमें उसके पूर्वजों के इतिहास के पन्ने कोरे रख छोड़े गये। मनु ने किस प्रकार उसकी पीढ़ियों का सत्यानाश कर दिया—

यों तो मैं
मनुकाल में भी आया था
दीवारों के बीचोबीच
पर चला गया था
बिना कोई परिचय दिये
इतिहास के पृष्ठों पर
बिना कोई उपस्थिति दर्ज किये।

वर्तमान में बेचैन जी के पास अपने पूर्वजों के लिए और अपने लिए कहने को इतना कुछ है और अवसर भी है कि वे अब रुकेंगे नहीं। वे कानों और आँखों में घुसेड़े गये ताकुओं, काटी गयी जिह्वा और अनपढ़ बनाये रखने के तमाम षड्यन्त्रों का बदला लेंगे। कवि स्वयं को व्यष्टि से नहीं बाँधता बल्कि वह स्वयं को संघर्ष की परम्परा का एक पड़ाव मानता है। कवि के हृदय में उसका अतीत, उसके पूर्वज छटपटा रहे हैं। वे अब मुक्ति चाहते हैं—वर्ण और जाति व्यवस्था से। 'बाँटी गयी वेदना हूँ मैं' शीर्षक कविता में कवि स्वयं को संघर्ष एवं चेतना की परम्परा का अब तक का अन्तिम छोर मानता है। इस छोर ने प्रारम्भिक छोर की पीड़ा को महसूस कर लिया है। इसलिए उनका ज़िम्मेदारी से परिपूर्ण चिन्तन अपने उत्तरदायित्व की खोज कर रहा है—

क्योंकि मैं एक व्यक्ति नहीं
पूरी दलित चेतना हूँ
बहिष्कृत भारत की
रौंदी हुई आत्मा हूँ
तिरस्कृत समाज की
बाँटी गयी वेदना हूँ।

भारत के इतिहास में राजा भले ही क्षत्रिय होता हो परन्तु राजकाज का पूरा नेतृत्व राजपुरोहितों के पास था। क्षत्रिय तो उनके हाथों की कठपुतली होते थे। वे उन्हें वर्ण और जाति अनुसार व्यवहार की सीख देते थे। एक तरह से 'मनुस्मृति' का विधान घोषित-अघोषित रूप में लागू था। कवि बेचैन भारतीय संविधान के प्रति नतमस्तक हैं, जिससे उनकी जनता को खुशहाली, स्वाभिमान और आगे बढ़ने की प्रेरणा मिलती है। 'इकतारा' नामक लम्बी कविता का सार देखा जा सकता है—

राजपुरोहित ही था माहिर
उल्टा पाठ पढ़ाने में,
गौरव था भाई-भाई को
छूत-अछूत बताने में
स्वागत है कानून का जिसने
दूर किया झंझट सारा।
तुन...तुन...इकतारा।

दलित कविता का सबसे अधिक गुस्सा वर्ण और जाति में पोषकों पर उतरता है। यही भारत की तमाम समस्याओं की जड़ है। इक्कीसवीं सदी में भी इसे बरकरार रखने की दलीलें दी जा रही हैं। पुरातनपन्थी और अतीतानुरागी भारतीय मानसिकता जाति और वर्ण का कानून के समान पालन करते हैं और विकास का ढिंढोरा पीटते हैं। कवि बेचैन इस दोगलेपन से उकता गये हैं। वे इसकी पोल खोलते हैं—

जाति धर्म/लिंग भेद
के सिवा/हमने
विकास के नाम पर
किया क्या है?

भारत में जाति धर्म और वर्ण राष्ट्रों के समान काम करते हैं। जाति की जटिलताएँ इतनी गहरी हैं कि वे परस्पर विदेशियों के समान सम्पर्क में आती

हैं। निम्न जातियों के घर जलाना, गाँव के गाँव उजाड़ना ऊँची जातियों के लिए आम बात है—

झुग्गियों में आग लगा कर
नये आवास देने के वायदों की बरसा कर
वोट माँगने वालो
तुममें और अमेरिका
नागासाकी के बम-वर्षकों में
अन्तर कहाँ है?

कवि बेचैन भारत में सवर्णों द्वारा दलितों की बस्तियों पर सामूहिक हमले नागासाकी के बम-वर्षकों के समान मानते हैं। द्वितीय विश्वयुद्ध सन् 1945 में जापान आदि देशों द्वारा जर्मनी में हिरोशिमा और नागासाकी पर बम गिराये गये थे। उसका असर वहाँ नयी पीढ़ियाँ आज तक भुगत रही हैं। उसी प्रकार भारत में सवर्णों की उपेक्षापूर्ण और तिरस्कृत दृष्टियों से दलितों का बचपन में ही मनोबल गिर जाता है और आजीवन वे तिरष्कृत जीवन जीने के लिए विवश हो जाते हैं। नेताओं का आचरण मात्र कुछ महीनों के लिए बदलता है। वे लोकतांत्रिक होने का दम्भ भरते हैं। परन्तु चुनाव जीत जाने के बाद वे पुनः वर्ण और जाति अनुसार अपने संस्कार में लग जाते हैं। संविधान की गरिमा के साथ खिलवाड़ करते हैं। कवि श्यौराज सिंह बेचैन का मानना है कि भारत में पैदा होने वाले दलित की प्रतिभा के साथ खिलवाड़ करने से भारत की तरक्की में बाधा पड़ती है। भारत की मज़बूती और इसे विकसित अवस्था तक ले जाने में एक-एक नागरिक की कर्मण्यता और समर्पण भावना की आवश्यकता है। इसके अभाव में भारत कैसे आगे जायेगा? 'जन्म-भेद' से होने वाली क्षति का आकलन कोई नहीं करता—

जन्म लेने से पहले ही
व्यवस्था की भेंट चढ़ जाते हैं
क्या हम कभी
जन्म भेद से होने वाली
देश की क्षति का
आकलन करते हैं
हिसाब लगाते हैं।

इस समय आवश्यकता है कि देश के चहुँमुखी विकास के लिए ऊँची जातियों के लोग निम्न जातियों की प्रतिभा का उपयोग करने के लिए स्वयं पहल करें। वे उन्हें उचित अवसर दें। उनके प्रतिनिधित्व को गम्भीरता से स्वीकार करें। इसके उलट हो यह रहा है कि उनके प्रतिनिधित्व के ख़िलाफ़ वातावरण बनाने

के पुरजोर प्रयास हो रहे हैं। देश राजनीतिक रूप से भले ही आज़ाद हो गया है परन्तु सामाजिक और आर्थिक आज़ादी अभी मीलों दूर है। अछूतों के घर जलाए जा रहे हैं, उनसे बेगार कराई जा रही है। उनकी स्वतन्त्रता का हनन हो रहा है। उनके हालात गुलामी से भी बदतर हैं–

ज़हन में है अपना ही देश
देश के वाशिन्दों में जात
अछूतों का दिल सहता दर्द
गुलामी से बदतर हालात।

कवि की 'दरियागंज में' कविता में सटीक विश्लेषण यह कहता है कि भारत के सछूत अंग्रेजों से कम गुनहगार नहीं है। बल्कि उन द्वारा दी गयी पीड़ा अधिक गहरी है। अंग्रेज बाहर का होने के कारण पीड़ा का स्वरूप थोड़ा भिन्न होता था परन्तु जब अपने ही अछूतों पर जुल्म ढाते हैं तो पीड़ा की कोई सीमा नहीं रह जाती। बार-बार दलितों को गुलामी का अहसास कराया जाता है। उनके घर फूँक कर, उचित अवसर न देकर, उनके मानवाधिकारों का हनन करके, उनकी मौलिकता से खिलवाड़ किया जाता है–

जितने सीनों में
अंग्रेजों ने दागीं गोलियाँ
दस गुना उससे अधिक
मारे सछूतों ने अछूत।

आये दिन जाति-संघर्ष की घटनाएँ घटती हैं। पिसता अछूत ही है। कहने को तो सरकार ने दलितोत्थान के लिए अनेक योजनाएँ बनाई हैं, परन्तु उनके कार्यान्वयन को लेकर वे उतने ही अनुदार हैं। सरकारी स्कूलों की स्थापना की गयी परन्तु जैसे-जैसे सरकारी स्कूलों के माध्यम से दलितों के पढ़ने-बढ़ने की प्रक्रिया की शुरुआत हुई तो मनुवादी मानसिकता के अध्यापक ने उसे अपनी ऐशगाह और वेतन का ठिकाना बना लिया। लूट का स्वरूप बदल गया। हर महीने देश के सरकारी स्कूलों से करोड़ों रुपये वेतन के नाम पर निकलते हैं, परन्तु आउटपुट नगण्य। यह दलितों पर हमला है। डॉ. बेचैन की दो पंक्तियों में बात साफ़ हो जाती है–

न गौरी का हमला न अंग्रेज हैं अब
तो सरकारी स्कूल किसने मिटाए?

सवर्ण मानसिकता के अध्यापकों ने सरकारी स्कूलों को आरामगाह तथा अकर्मण्यता के अड्डे बनाकर उनकी उपयोगिता को नगण्य कर दिया। बेचैन जी की 'रखा ध्यान इतना' ग़ज़ल एक शानदार सृजन है जिसमें कवि ने उन दोगले

लोगों को इंगित किया है जो आज़ादी को केवल अपने तक सीमित रखना चाहते हैं। स्वयं आज़ाद होकर वे अपने ही देशवासियों के साथ अंग्रेजों जैसा बर्ताव करते हैं। वे अपने घरों में दीपक जलाते हैं परन्तु इतना ध्यान भी रखते हैं कि दीपक की कोई किरण पड़ोसी के घर में न चली जाये। पड़ोसी को गुलामों से भी बदतर रखना चाहते हैं—

गुलामों से ज़्यादा तबाह ऐसे रखे
कि आज़ाद कहते हुए शर्म आये।

कवि श्यौराज सिंह बेचैन भारत की आज़ादी को एक विडम्बना ही मानते हैं। उनका बिम्ब इस सन्दर्भ में देखा जा सकता है—

पिंजरा मुक्त
पखेरू बन्दी
स्वतन्त्रता
क्या विडम्बना है?

पक्षी पिंजरे से मुक्त भी हो गया और बन्दी भी है। भावार्थ यह है कि दलित कहने को तो आज़ाद हो गये, परन्तु उन्हें क़दम-क़दम पर वर्ण एवं जाति की गुलामी की विडम्बना से जूझना पड़ता है।

भारत के अतीत को लेकर बड़े-बड़े दावे किये जाते हैं। महान संस्कृति का गुणगान करते नहीं अघाते! राम, कृष्ण, हनुमान, दधीचि, कर्ण और पता नहीं कितने पौराणिक काल्पनिक पात्रों का वास्ता दे-देकर भारत को विश्वगुरु घोषित किया जाता है। परन्तु सच्चाई यह है कि यहाँ पिचासी प्रतिशत जनता को घोर निरक्षरता, तिरस्कृत अवस्था और मानवीय मूल्यों से रहित होकर जीवन बिताना पड़ रहा है। पन्द्रह प्रतिशत लोगों ने अपने स्वार्थी इरादों के कारण बहुसंख्यक को गुलाम बनाये रखने के लिए शिक्षा से काटकर रखा। देश केवल कुछ लोगों से नहीं बनता। कवि ऐसे स्वार्थी लोगों की सभ्यता पर प्रश्न-चिह्न खड़ा करता है—

विश्वगुरु बनने का और
निरक्षरता के
अँधेरे से भर दिया देश भी
बहुसंख्यक भारत
तुमने नहीं बनने दिया समर्थ
और यूँ तुम्हारा
सभ्य होना हो गया व्यर्थ।

बेचैन अपनी दिनचर्या में अनायास रूप से शामिल जाति की घुंडी को दूसरों की प्रतिक्रियाओं में चिह्नित कर लेते हैं। एक दलित की उच्च-स्तरीय जीवन-शैली

द्विजों के चेहरों पर शिकन ला ही देती है। इससे उनका परम्परागत संस्कार आहत होता है।

बाबा साहब डॉ. अम्बेडकर का व्यापक दृष्टिकोण अमेरिका और इंग्लैंड जैसे देशों में जाकर बना था। वहाँ उन्हें ब्राह्मण से अन्तर देखने और सोचने का अवसर मिला था। भारत में तो ब्राह्मण से अलग जीवन-शैली की कल्पना ही सम्भव नहीं है। क़दम-क़दम पर अनायास रूप में ब्राह्मणवाद पीछा करता है। ब्राह्मण अपनी व्यवस्था में भारत को विश्वगुरु कहता नहीं अघाता। जबकि ब्राह्मणवाद से इस देश का सत्यानाश हो गया। अकर्मण्यता, भाग्यवाद, स्वर्ग-नरक, काल्पनिक देवी-देवताओं की कुंडली में जकड़ा यह देश निरीह बनकर रह गया। 'लन्दन में भीमराव' कविता में कवि बेचैन 'विश्वगुरु' के मुग़ालते को बचकाना हरकत मानते हैं। वहाँ की सभ्यता, ईमानदारी और समता के संस्कार के समक्ष ब्राह्मणवाद घुटने टेकता नज़र आता है–

यहाँ आकर
विश्वगुरु
बच्चा हो जाता है।

इन सात शब्दों की तीन पंक्तियों में कवि बेचैन ने बहुत कुछ कह दिया है। जब तक दलित बाहर की दुनिया से नहीं जुड़ते, तब तक उनका तार्किक और व्यापक दृष्टिकोण बन ही नहीं सकता।

भारत में एक बड़ी विडम्बना यह है कि यहाँ कमेरी जातियों को तो घृणा की दृष्टि से देखा जाता है और अकर्मण्य और परजीवी जातियों का सम्मान किया जाता है। अपनी आजीविका खुद कमाकर जीवन-यापन करने वाले आजीवक देश के लिए काम करते हैं, परन्तु वर्ण-व्यवस्था के सबसे ऊपर बैठे परजीवी उनके श्रम पर पलते हैं–

जिसने दे दिया
देश के विकास में
अपनी देह का
बूँद बूँद खून
क्या उस गरीब
के बच्चे पढ़ सकेंगे
क्या इसी व्यवस्था को आप
सबका स्वराज
सबकी स्वतन्त्रता कह सकेंगे?

इस आज़ादी में श्रमजीवियों के बच्चों के पढ़ने-लिखने के तमाम रास्ते बन्द

किये जा रहे हैं। स्वराज या स्वतन्त्रता भारतीय सन्दर्भ में बहुत ही छोटा और सीमित शब्द है।

कवि बेचैन के तर्क, चिन्तन और संवेदना का दायरा देशव्यापी है। वे एक राष्ट्रीय चिन्तक के रूप में उभरकर सामने आते हैं। वे देश की समस्याओं और नेतृत्व पर गम्भीर सवाल खड़े करते हैं। देश का युवा बेरोज़गारी की चक्की में पिस रहा है, शिक्षा का निजीकरण करके उसे स्कूल से दूर किया जा रहा है, अधुनातन तकनीक से उसे काटा जा रहा है, तो भारत विकसित कैसे होगा? इस समय ज़रूरत है कि युवा वर्ग को काम देकर उसके सामर्थ्य से देश को धन-धान्य से परिपूर्ण करना—

घूम रहा नव युवा अकारथ
इसको काम मिला होता
अमरीकी विकास से
भारत पीछे नहीं ठिला होता
शिक्षा निजीकरण द्वारा
यदि ज्ञान नहीं रोका जाता
क्यों तकनीक में पीछे रहते
माल चीन से क्यों आता?

नोबल पुरस्कार विजेता अमर्त्य सेन भी भारत की बढ़ती जनसंख्या को सबसे बड़े संसाधन के रूप में देखते हैं। यदि आजीवक संस्कृति का प्रचार-प्रसार होता, हर व्यक्ति काम में विश्वास रखता तो सम्भव है हम पूरे विश्व में सर्वश्रेष्ठ होते। आदिवासियों के लिए स्कूल खोलकर उनकी प्रतिभा से कृत-कृत्य होने का मौक़ा मिला था, पर हमने गँवा दिया—

आदिवासियों के
बच्चों की जगह दो
चाहो तो मन्दिर बन्द रखो
परन्तु स्कूलों के
दरवाज़े खोलो।

भारत पर विदेशी कर्ज़ा लगातार बढ़ता जा रहा है और देश कंगाल हो रहा है। यह अघोषित गुलामी है। कवि का मानना है कि भारत में दलित और आदिवासियों की बड़ी आबादी में शिक्षा के प्रचार-प्रसार की सर्वाधिक आवश्यकता है। उसके बाद हमारी अपनी तकनीक होगी और मैट्रो और मॉल हम स्वयं बनाएँगे—

क्यों विदेश से कर्ज़ा लेकर
मैट्रो और मॉल बनते?

ये सब काम स्वयं करते
यदि दलित आदिवासी पढ़ते।

दलित-आदिवासियों में प्रतिभा की कोई कमी नहीं है। आवश्यकता है उन्हें अवसर देने की। पर हमेशा से उनकी प्रतिभा को 'अंडर एस्टीमेट' किया जाता रहा है। हम अपने बौद्धिक संसाधनों की अपेक्षा विदेशों पर अधिक निर्भर रहते हैं। यह विडम्बना ही है।

कवि बेचैन इस बात से भी आहत हैं कि दलितों में नेतृत्व नहीं उभर रहा। दलितों में से जो नेता आ रहे हैं वे डॉ. अम्बेडकर के पूना पैक्ट के अन्देशे के नेता आ रहे हैं जिनका अपना कुछ मौलिक नहीं है। वे अपने सवर्ण आकाओं के इशारों पर नाचते हैं। वे 1952 के पहले लोकसभा चुनाव में डॉ. अम्बेडकर को हराकर सांसद बने कजरोलकर के समान चुप्पी साधे पड़े रहते हैं। उनका नेतृत्व बेड़ियों में जकड़ा पड़ा है। वे अपने सवर्ण आकाओं के अहसान से दबे नेता हैं—

सम्पन्नता के
कारण सिर पर उठाएँ
और संसद तक पहुँचाएँ
वहाँ अभी कुछ स्थान रिक्त हैं
मौनियों के लिए।

'ऐसा दलित' कविता में कवि ऐसे दलित नेताओं को 'मौनी' की संज्ञा देते हैं। 'युद्ध टालना होगा' कविता में कवि ऐसे दलित नेताओं के चरित्र को स्पष्ट करते हैं कि किस प्रकार उनमें अपने समाज के नेतृत्व की समझ नदारद होती है। वे नेता तो दलितों के होते हैं परन्तु उनका व्यवहार सवर्णों जैसा ही होता है—

दलित अपने कर्मों से दीन है
पूरा बहिष्कृत भारत
नेतृत्व विहीन है
नेता उनके हैं—
जो दल उन्हें चुनवाते हैं
दलित की देह में भी ये
अदलित ही नज़र आते हैं।

ऐसे दलित नेताओं की प्राथमिकताएँ बदल जाती हैं। उन्हें दलित मुद्दों की अपेक्षा अपनी कुर्सी ही नज़र आती है।

कवि तमाम नेताओं, बुद्धिजीवियों और कार्यकर्ताओं से अपने समय में कौम के लिए संघर्ष की बात करते हैं। समय की बेवफ़ाई की तेज़ होती प्रक्रिया के मद्देनज़र वे सबको चेताते हैं कि बाद में पश्चात्ताप का कोई परिणाम नहीं

निकलेगा। दलितों की आने वाली पीढ़ियों के लिए सूरज की किरण बचाकर रखनी होगी–

सूरज उनके लिए
एक भी किरण
देने से बचेगा।

कवि बेचैन को अपनी आजीवक परम्परा पर पूरा भरोसा और गर्व है वे कमाकर खाने को सबसे बड़ी देश सेवा मानते हैं–

मेरा नैतिक आदर्श
कमाकर खाना है।
शोषकों से निडर
सम्मान से जीना है।
और
देश पर मर-मिट जाना है।

इस प्रकार कहा जा सकता है कि कवि बेचैन इस समय के एक अपरिहार्य कवि के रूप में साहित्यिक जगत में विद्यमान हैं। उनकी कविताएँ मानवीय सरोकारों की कविताएँ हैं और अपने लिए हकों की माँग करती कविताएँ हैं। उनकी कविता में उनके अपने अभावों के संघर्षी चित्र हैं। उनकी कविता सहज-स्वाभाविक अभिव्यक्ति है। उसमें बनावटीपन नाममात्र भी नहीं है। उनकी कविताएँ उनके संघर्षमयी जीवन की पृष्ठभूमि में तैयार होती हैं। वे कबीर की भाँति फक्कड़ व्यक्तित्व की डिमांड करती हैं। कवि अल्पायु में ही तमाम अच्छाइयों-बुराइयों से अवगत हो चुका है। समाज की असलियत अगर कोई सीखे तो कवि बेचैन उसके जीते-जागते उदाहरण हैं। उनके गीतों में तो लयात्मकता है ही, दूसरे मुक्त छन्द कविताओं में भी विचार की लय पाठक को बाँधे रखती है। कवि का मूल स्वरूप व्यंग्य का रहा है। उनके पास समाज को देखने की अपनी दृष्टि है। वे दृष्टियों के भ्रम से दूर एक मौलिक कवि के रूप में उभरकर सामने आते हैं। वे अलोकतांत्रिक मूल्यों से अपने पाठकों को सचेत करते हुए समकालीन विडम्बनाओं से दो-चार होते दिखाई देते हैं। वे वर्ण, जाति, साम्प्रदायिकता, भ्रष्टाचार, नारी उत्पीड़न आदि को देश के लिए ख़तरा बताते हुए समता का मार्ग प्रशस्त करते हैं। उनकी कविताओं में पारम्परिक रूढ़ियों के प्रति भी आक्रोश झलकता है। वे कुरीतियों और अन्धविश्वासों को समाज के लिए घातक मानते हैं। कवि के दोनों कविता-संग्रह भारत में दलितों और स्त्रियों की बदहाली और उनके संघर्ष को जानने के लिए अति आवश्यक पठनीय संग्रह हैं।

हाय रे! चमार, वाह रे! चमार

अब तक के जीवन सफ़र में कथा, आलोचना और पत्रकारिता से अधिक कविता मेरी हमसफर रही है। विधा की भूख, रोज़ी-रोटी का संघर्ष, गरिमा और सम्मान पाने की चाह, घर-परिवार के मिटने उजड़ने के दुखों, अभावों, असफलताओं के घावों को भुलाते-सहलाते मैं यहाँ आपके पास दिल्ली तक आया। यही सोचकर मैं अपने बेटे आयूष को यूनिवर्सिटी ऑफ चैस्टर, यू.के. भेजने से पहले बहुत रोया। यह बताते हुए कि बेटा मैं आज जहाँ खड़ा होकर अपना अतीत देख रहा हूँ वहाँ पीछे बहुत गहरा अँधेरा है। मैं बहुत छोटा सा दीपक बन पाया हूँ। इतना छोटा कि जो पीछे छूटे हैं उन तक मेरी लौ, मेरी रोशनी नहीं पहुँच पा रही है। मैं तुम पर अपनी ज़िम्मेदारियों का बोझ नहीं डालूँगा परन्तु इतनी तो उम्मीद करूँगा ही कि तुम याद रखो कि तुम्हारी जड़ें कहाँ हैं। तुमनें यदि मेरी भावनाओं को आंशिक रूप से भी समझा तो मैं समझूँगा कि मेरा कविता लिखना सार्थक हो गया, कि आयूष भी मेरा काव्य बन गया।

बीस-पच्चीस वर्ष पूर्व मन बना था कि आत्मकथा (मेरा बचपन मेरे कन्धों पर) भी पद्य में ही लिखूँ। उसके लिए कुछ थोड़ा बहुत उपक्रम शुरू भी किया था, अपने शुभचिन्तक मित्र और शोध-निर्देशक डॉ. वीरेन डंगवाल को एक हिस्सा दिखाया भी था, वरिष्ठ चिन्तक डॉ. धर्मवीर से परामर्श किया था, परन्तु जल्दी ही मुझे आभास हो गया था कि मैं यह ठीक से नहीं कर पाऊँगा। कविता की शर्तें पूरी करने के चक्कर में मैं अपने कथ्य को सामने नहीं ला पाऊँगा। अतः कविता से क्षमा माँगते हुए मैं गद्य की शरण में चला गया। संयोग से गिरधर राठी और कथाकार राजेन्द्र यादव छापने के लिए आत्मकथांश माँग लिए परन्तु कविता से मेरा मोह नहीं टूटा था, हालाँकि काम की ज़िम्मेदारियों के चलते तल्लीनता भंग होते रहना स्वाभाविक ही था। फूलन की बारहमासी से शुरू कर 'नयी फसल, और 'क्रौंच हूँ मैं' संग्रह आ चुके थे। कविताओं

का स्फुट लेखन कुछ पत्र-पत्रिकाओं में और कुछ डायरियों में बिखरा पड़ा था। कुछ को संकलित कर संग्रह तैयार किया तो नाम दिया 'भोर भी अँधेरा भी'। कविताएँ अधिक हो गयीं तो लगा इन्हें दो संग्रहों में रखा जाना चाहिए। बुन्देली के महान दलित कवि प्रो. कालीचरण 'स्नेही' बराबर मेरी कविताओं के प्रति आग्रह बनाये रहे, पंजाबी के अन्तर्राष्ट्रीय ख्याति प्राप्त साहित्यकार मित्र बलबीर माधोपुरी मुझे हिन्दी से पंजाबी में ले गये। आत्मकथा के दिनों में एक उपलब्धि की तरह डॉ. राजेन्द्र बड़गूजर से मुलाकात हो गयी। वे स्वयं कवि हैं और मौलिक रिसर्च स्कालर भी हैं। उन्होंने हरियाणा के एक से बढ़ कर एक दलित कवि खोजे हैं। लोक साहित्य रूपी आसमान के सितारे हैं वे, डॉ. यशवन्त वीरोदय युवा रचनाकार हैं, विगत 2014 में वे पेरिस सहित कई देशों की साहित्यिक यात्राओं में हमारे साथ ही नहीं रहे हैं, बल्कि ब्रसेल्स का वह कवि समागम जिसमें अमेरिका से आये कविवर रामबाबू गौतम, प्रो. स्नेही, मीनू और मैं शामिल थे, उसमें आयोजन से लेकर संचालन तक में जो विशेष भूमिका थी वह इन युवाकवि वीरोदय की ही थी।

डॉ. मूलचन्द गौतम ने चन्दौसी के एस.एम. कालेज में बी.ए., एम.ए. करने के दौरान मुझे पढ़ाया था। इस नाते वे मेरे गुरु हैं। कालेज से बाहर भी उनसे मेरा सम्बन्ध रहा है। सामाजिक और साहित्यिक गतिविधियों में मेरी सक्रियता के दौरान उनसे सलाह-मशविरा मिलता रहा है। प्रस्तुत संग्रहों की पाण्डुलिपि भी उनकी नज़र की थी। उन्होंने 'चमार की चाय' शीर्षक कविता को ही संग्रह का शीर्षक बनाने का सुझाव दिया, और मैंने मान लिया। कविताओं को फिर दो हिस्सों में विभाजित किया। अप्रवासी भारतीय कवि रामबाबू गौतम ने भारत प्रवास के दौरान रस, छन्द और अलंकारों को लेकर लम्बी बातें कीं। 'मन कहे लोकतन्त्र' शीर्षक अपने संग्रह के प्रकाशन के समय वे कुछ दिन मेरे घर 'इन्सान निवास' पर ठहरे। मुझे उनके स्नेह, सोच और सान्निध्य का पूरा लाभ मिला। उन्होंने मुझे छन्द से बँधे रहने का आग्रह किया।

इधर हिन्दी क्षेत्र में हिन्दू कवियों में हिन्दी कविता को लेकर विरोधाभासी स्थिति देखने को मिल रही है। उनकी कविता मर गयी है, कविता पढ़ी नहीं जा रही है। काव्ययुग की इतिश्री हो चुकी है। जात्याभिमानी कवियों के पास अब अपनी कविता की लाश उठाने और छाती पीट-पीट कर मातम मनाने के अलावा कुछ भी कहने के लिए नहीं बचा है, मुर्दापरस्ती साहित्यिक वातावरण में दुर्गन्ध भर रही है। जो रामचरितमानस में, पुराणों में, स्मृतियों में कहा जा चुका है, द्विज कवि उसी का भावानुवाद किये जा रहा है। प्रगतिशीलता, जनवाद और

अतीत गौरव के नाम पर साहित्य में वर्णभेद पुख्ता कर रहा है। यही कारण है कि एक भी कवि देश की सामासिक संस्कृति और सामाजिक विविधता को साहित्य में प्रतिनिधित्व देना पसन्द नहीं करता। भारत का संविधान, लोकतन्त्र के समतावादी मूल्य हिन्दी की हिन्दू कविता पर युगीन प्रभाव नहीं डाल पा रहे हैं। एक भी वर्णकवि वर्णभेद के विरुद्ध नहीं लिख रहा है। उसका आलोचक यह तो कह रहा है कि हिन्दी में अब कविता नहीं है, परन्तु जज बन कर साहित्य अकादेमी, ज्ञानपीठ शलाखा, भारत भारती आदि-आदि उसी को दे रहा है और यह तब तक चलेगा जब तक वह जाति मोह में अन्धा बना रहेगा और अवसरों की रेबड़ी इन अन्धों के हाथों रहेगी।

राय साहब ने, ठाकुर साहब ने दलित की कहानी लिखी तो खूब है, पर है मनगढ़न्त। यह उनके भोगे हुए अनुभव से नही जन्मी है। पर यह खुद दलित ने लिखी होती तो हो सकता है अवकाश कम मिलने के कारण उसने लच्छेदार भाषा में न लिखी होती, पर सच्चाई की ज़मीन पर खड़ी होती। दलित सृजित ऐसी कविता कहानियों का अभाव नहीं है। पर साहित्य अकादेमी के लिए तो पण्डितजी या पण्डिताइन जी किसी दलित को नहीं चुन सकते। वहाँ तो सब कुछ पहले से तय है।

दलित साहित्य की बात हिन्दी तक सीमित नहीं रह गयी है। यह निकली तो जंगल की आग की तरह दूर तक फैली है। दलित साहित्य हर विधा, हर भाषा और खासकर मातृभाषा में सर्वाधिक लिखा जा रहा है। उसमें अनुभवों का ख़ज़ाना आ रहा है। जब से शिक्षा का व्यवसायीकरण और निजीकरण हुआ है, महँगी अंग्रेज़ी माध्यम की दलित को दुर्लभ शिक्षा समृद्ध सवर्णों तक सीमित कर दी गयी है। देश की प्रादेशिक और मातृभाषाएँ ही दलितों को विकल्प के रूप में बची हैं। उनमें अंग्रेज़ी सुलभ रोज़गार नहीं है, शोषण से मुक्ति के आसार नहीं हैं। बचता है साहित्य सो जब तक संविधान में अभिव्यक्ति की स्वतन्त्रता है दलित अपनी व्यथा कथा लिख रहा है। दलितेतर में सीमित हुआ स्वराज दलित को अपार दर्द दे रहा है, इसलिए इस दौर में दर्द की कविता ही दलित की कविता हो गयी है।

आज तो मरी गाय उठाने के नाम पर, आटा छू जाने के नाम पर दलित रूपी क्रौंच को ग़ैर दलित बहेलिया बेरहमी से मारे जा रहा है। उसकी चीख़, उसकी तड़प, मर्मान्तक वेदना आज की दलित कविता का स्वर बन गया है। 'क्रौंच' पर क्या गुज़री होगी, जो उस दलित छात्रा पर गुजरती है, जो गाँव भर में टॉप करती है तो हिन्दू दबंग उसके गुप्तांग में गन्ना घुसेड़ देते हैं। सोशल मीडिया पर

यह तस्वीर किसे विचलित नहीं की होगी? कल्पना कीजिए क्रौंच या यह पीड़िता आत्म अनुभव यदि लिख पाते तो क्या लिखते और क्या पाठक उतने ही कठोर बने रहते जितने कठोर दलित हिंसा को देखते बने रहते हैं। गंगुरा उत्तर प्रदेश में चरनसिंह जाटव की बेटी गाँव के पूजास्थल पर खड़े सरकारी नल से दो घूँट पानी पी लेती है, तो झींबर जाति का पुजारी और उसका यादव सेवक बच्ची को मार-मार कर बेहोश कर देते हैं। पिता मदद के लिए आता है तो पुजारी उसके हाथ में त्रिशूल घुसेड़ देता है। चरनसिंह के छोटे भाई रामसिंह का नौंवी क्लास का विद्यार्थी मुकेश का अपहरण कर उसे ग़ायब कर दिया जाता है। उसका बड़ा भाई राहुल ग्यारहवीं का छात्र ज़रा साफ़ कपड़े पहनकर मोटर साइकिल पर सवार होकर निकलता है तो गाँव के दबंग उसे इतना मारते हैं कि मर गया समझकर ही छोड़ते हैं। अब ये स्थितियाँ क्या सन्देश देती हैं? पुलिस जाति विशेष की खुल कर तरफ़दारी करती है, रिपोर्ट तक नहीं लिखती, विधायक को जाति के वोट चाहिए। ये ग़रीब गाँव में ग़म ही ग़म पा रहे हैं और शहर को भाग रहे हैं। क्या इसी दिन के लिए बाबा साहब अम्बेडकर ने गाँधी जी के प्राण बचा कर पूना पैक्ट किया था? यह दासता से भी बुरा दलित समाज का दर्द किसी सुविधाभोगी सवर्ण कवि के हिस्से में जाने वाला है क्या? क्या इन चलती फिरती लाशों में तब्दील कर दिये गये चमारों पर लिखने के बजाय मैं किसी काल्पनिक पात्र पर दलित कविता गढ़ने बैठ जाऊँ?

आज जब साहित्य में लोकतान्त्रिक समानता स्वतन्त्रता के मानवीय मूल्यों की बात ही नहीं की जा रही हो तब इन अतिसामान्य लोगों की स्थितियों पर कविता लिखी जा सकती है क्या? हिन्दी कविता में आज भी महाकाव्य के नायक कथित उच्चकुलोद्भव, देवता या वर्णव्यवस्था के क्षत्रिय, राजा या ब्राह्मण होना अनिवार्य है, आज भी ऐसा नहीं पढ़ाया जा रहा क्या? आभिजात्य कविता में देश के लिए कुर्बानी देने वाला कोई दलित या शूद्र नायक नहीं हो सकता। यहाँ भी ग़ैरबराबरी के भाव से हिन्दी के द्विज अध्यापक पढ़ा रहे हैं कि खण्ड काव्य के लिए यह शर्त आवश्यक नहीं है। रैदास जैसे चर्मकार भी खण्ड काव्य लिख गये हैं। इस कथन का भाव समझा जा सकता है।

आज के युग में हिन्दी में लिखा कोई भी साहित्य अप्रासंगिक हो गया है, क्योंकि नयी पीढ़ी अंग्रेज़ी पढ़ रही है। वह लिपि तक भूलती जा रही है। वह रोमन में हिन्दी लिख रही है। हिन्दी में लिखा बहुत जा चुका है, पढ़ा कम जा रहा है इत्यादि।

ऐसे में ग़ौर करके देखें तो पायेंगे दलित कविता की स्थिति एकदम भिन्न है।

दलित चाहे-अनचाहे मातृभाषा में ही अधिक हैं, उन्हें हज़ारों साल के प्रतिबन्धों के बाद थोड़ा पढ़ने-लिखने के अवसर मिले हैं। हालाँकि सरकारी स्कूलों को निजी स्कूलों की बलि चढ़ा कर दलित आदिवासी और ग़रीब पिछड़ों को विकास में विनाश और आज़ादी में गुलामी के अनुभव हो रहे हैं। अतिरिक्त सुविधाएँ होने पर हक भक्षक अपच से मर रहे हैं और सर्वस्वहारा के लिए तो भूख बड़ी और भोजन थोड़े हैं।

शीर्षक को लेकर सोचना शुरू किया तो मेरे सामने चमार केन्द्रित अनेक शीर्षक चित्रपट की भाँति घूम गये। मसलन मैंने देखा सूर्यकान्त त्रिपाठी 'निराला' का उपन्यास 'चतुरी चमार' मेरे संग्रह में मौजूद है। मैंने इसे पढ़ा है और इस पर लिखा भी है। रैदास के प्रति 'निराला' की एक कविता दलितों में भी प्रिय है–'कर्म के अभ्यास में, अविरत बहे, ज्ञान गंगा में, समुज्ज्वल चर्मकार, चरण छूकर कर रहा मैं नमस्कार।' अदम गोंडवी नामक एक ठाकुर की कविता 'चमारों की गली' भी मेरे ध्यान में आयी। डॉ. धर्मवीर की समीक्षा पुस्तक 'चमार की बेटी रूपा' भी मैं पढ़ चुका हूँ। उनकी एक कविता 'भारत का मोहन चमार' भी मेरे ध्यान में आयी। दलित साहित्य की विधाओं में कविता सबसे पहले, सबसे आगे और सबसे अधिक मात्रा में रही है। एक समय साहित्य का मतलब कविता ही होता था। कहानी, उपन्यासों की कथाएँ भी कविता में समायी होती थीं।

आज़ादी मिलने से पूर्व 1940 में मेरठ या हापुड़ के एक शायर हुए उनका तखल्लुस 'बूम' यानी उल्लू था। शायर उल्लू ने एक लम्बी नज़्म 'चमारी नामा' उन्नान से लिखी थी। इसमें चमार जाति की महिलाओं का उपहास उड़ाया गया था–

समझेगा वही जिसे कारे जेब हो,
पानी वहीं भरेगा जहाँ पर नसेब हो।

इसका बेहद संयमित और शालीन जवाब दिया था दलितों के लोक कवि और एक सामाजिक नेता ने। जिन्होंने महाकाव्यों की रचना करने के साथ-साथ शाहदरा में एक कालोनी बसायी जो आज भी उनके नाम 'बिहारी कालोनी' के रूप में आबाद है। बिहारीलाल 'हरित' ने अपनी कविता में ही उल्लू को करारा जवाब दिया था–

उलझेगा वही ज़्यादा, जिसमें फ़रेब हो,
पहले ही खरा बनता है, जिसमें ऐब हो।

उस शायर को अपनी कविता को वापस लेना पड़ा था। तत्कालीन सरकार को बूम की रचना ज़ब्त करनी पड़ी। चमारों के मन से जातिहीनता निकालने,

आत्मसम्मान और गौरव गरिमा के साथ उठ खड़े होने के उद्देश्य से महाकवि बिहारी लाल 'हरित' ने 1974-75 में खुद 'चमार हूँ मैं' शीर्षक से एक लम्बी कविता लिखी जिसकी उस समय के केन्द्रीय मन्त्री बाबू जगजीवन राम ने भूरि-भूरि प्रशंसा की थी–

तंजकश मुझको न छेड़ो, जानते हो चमार हूँ मैं,...
चाम से ही चाम का अब कर रहा प्रचार हूँ मैं।

इधर दो दशक पहले बी.एल. नैयर ने 'चमार की चाँट' शीर्षक से एक कहानी लिखी थी। कहानी में बखूबी दर्शाया गया था कि किस तरह चमार शब्द जुड़ते ही चाट अछूत हो गयी थी। लेखक ने दलित व्यवसाय के बहिष्कार का बड़ा ही सजीव चित्रण किया था। अंग्रेज़ी राज में बनी 'महार रेजिमेंट' की 'हीरोत्तर जयन्ती' के समय उसके इतिहास में झाँकना प्रासंगिक है। सुलतान सिंह और सतनामसिंह ने इस चमार रेजिमेंट पर पुस्तकें लिखी हैं। डा. मनोज कुमार ने चमार रेजीमेंट के अब तक जीवित बचे सैनिक धर्मवीर, जोग्गीराम और रतनसिंह के सम्मान समारोह में मुझे ले जाने का निमन्त्रण दिया था। गीतकार रामबाबू गौतम कहते हैं कि चमार लेखकों ने ही मातादीनभंगी, ऊधादेवी, झलकारीबाई और कोरी, खटिक और पासी नायक-नायिकाओं को खोजा, सम्मानित किया। ओबीसी की सूची में डाले जा रहे शूद्र नायक शाहूमहाराज, महात्मा ज्योतिबा फुले के चिन्तन और मार्गदर्शन के प्रति न केवल कृतज्ञता ज्ञापित की है, इतिहास में उन्हें वन्दनीय भी माना है। आज कल हम जाट रेजिमेंट, राजपूत रेजिमेंट देखते हैं, महार-चमार रेजिमेंटस दिखायी नहीं पड़तीं? इतिहास बताता है कि पेशवाई राज में चमारों, महारों से भयंकर अस्पृश्यता की जाती थी। इधर बाजीराव मस्तानी फ़िल्म में पेशवाओं की ब्राह्मणशाही की क्रूरता से थोड़ा पर्दा उठा ज़रूर है पर उसने अस्पृश्यता के रूप में मनुष्यता पर कैसे-कैसे सितम ढहाये उसके दीदार की अपेक्षा हिन्दी फ़िल्म से तो नहीं की जा सकती, अस्पृश्य घोषित किये गये लोगों की पीठ से झाड़ू बँधवा दिया जाता था, ताकि वे रास्ते पर चलें तो साथ-साथ झाड़ू उनके पाँव के निशान मिटाते चलें, जिससे कि वे अछूत निशान सछूतों के तलवों से स्पर्श न हो जायें और गले में मटके लटका दिये जाते थे, ताकि थूकें तो थूक मटके में ही गिरे। पर जब पेशवाओं की अंग्रेज़ों से लड़ाई हुई, तब अंग्रेज़ों ने महार रेजीमेंट उनके मुक़ाबले अड़ा दी थी। उस लड़ाई में कुछ दलित सैनिक भी शहीद हुए थे परन्तु एक-एक सैनिक ने सौ-सौ पेशवाओं को धूल चटाई थी। ब्रिटिश पेशवाओं से वह लड़ाई दलित सैनिकों के दम पर ही जीते थे। पेशवाई जूल्मों से निज़ात मिलने से दलितों के मरणासन्न मानवाधिकारों में जान लौटी। बाबा साहब हर वर्ष उन

दलित शहीदों के स्मृति स्तम्भ पर फूल चढ़ाने जाया करते थे।

जनगणना में जाति गणना हो, इस माँग को लेकर सवाल उठते रहे हैं। यह हो तो जातियों की गणना के साथ-साथ उनकी स्थितियों के भी अध्ययन सम्भव हो सकें। 1920 में जी. डब्ल्यू. ब्रिग्गस ने अंग्रेज़ी में 'द चमार' शीर्षक से एक किताब लिखी थी। खोज का निष्कर्ष यह था कि दलितों की तमाम उपजातियों की मूल जाति चमार ही है। इतना ही नहीं श्रीवास्तव आदि कई जातियाँ चमारों में से निकल कर आज ब्राह्मण-वैश्य की तत्सम जातियाँ बन गयी हैं। डॉ. जयप्रकाश कर्दम ने इसका हिन्दी अनुवाद 'चमार' शीर्षक से किया था जो 1996 में प्रकाशित हुआ था। बकौल डॉ. कर्दम, 'डॉ. धर्मवीर ने सुझाव दिया था कि इस किताब का हिन्दी में अनुवाद होना चाहिए।'

ब्रिग्गस ने राज्यों और केन्द्र की जनगणना रिपोर्टों का सहारा लेकर संख्या के अलावा चमारों का रहन-सहन, धर्म-पूजा, विवाह, रीति-रिवाज इत्यादि के आँकड़े और तथ्यों के आधार पर चमार और उसकी तमाम उपजातियों की जीवन स्थितियों की एक प्राथमिक तथ्यपरक तस्वीर प्रस्तुत की थी। इससे पता चलता है कि चमार दलितों की मूल जाति है उसकी कई उपजातियाँ और शाखाएँ हैं। डॉ. वी.पी. सिंह बता रहे थे कि मेरठ के पास 'चमर-जुलाहा' जाति रहती है। बेशक कबीर का जन्म मेरठ में नहीं हुआ था। पर कबीर इसी चमर जुलाहा जाति में जन्मे थे। कबीर बामन को सूदा कह कर वर्ण भेद को नकारते थे। ये वास्तविकताएँ चमारों की दुनिया का सच हैं। इस दुनिया में रोना-हँसना, जन्म-मृत्यु सब कुछ सहज स्वाभाविक, नैसर्गिक हैं। कहना यह है कि चमार की कविता सामाजिक यथार्थ की कविता है। बेशक वह परम्परागत रस-छन्द, अलंकार और बिम्बों-प्रतीकों से बँधी नहीं है, परन्तु कविता है तो गहरी संवेदना, भाव, आवेगों से रहित नहीं है। विचारणीय है कि क्यों हमारे देश में जाति सूचक सरनेग के रूप में भी चमार-भंगी, माँग-महार जातियाँ सर्वाधिक चुराई-छिपाई जाति हैं। इसके उलट बहुत सी ग़ैर दलित जातियाँ सरनेम के रूप में दर्शायी जाती हैं। इस बारे में मराठी दलित लेखक बाबूराब बागुल की कहानी 'जब मैंने जाति चुराई' रोचक चित्र उपस्थित करती है। कला, साहित्य और भक्ति में मनुष्य केवल मनुष्य रह जाता है, जाति-धर्म से ऊपर उठ जाता है। काश ऐसा होता तो हम सब केवल भारतीय होते केवल मानव होते। बात दलितों तक सीमित नहीं है—क्या यूसुफखान शौक में दिलीप कुमार बने थे? महाजबीन बानो मीना कुमारी बनकर, मुमताज जहाँ बेगम मधुबाला यूँ ही बन गयी थीं क्या? गुरु रैदास दलित कविता के सबसे अगुआ पथ-प्रदर्शक हैं, जो डंके की चोट चमार

घोषित करते हैं। वे दर्द में दवा की बात करते हैं, असमानता, अमानवीयता की वैकल्पिक व्यवस्था देते हैं, जब वे काशी के ब्राह्मणों के बीच 'कहे रैदास खलास चमारा' की टेक देते कहते थे–

ऐसा चाहूँ राज मैं जहाँ मिले सबन को अन्न
छोट बड़े सब सम बसैं रैदास रहे प्रसन्न।।

वे मार्क्स के साम्यवाद की कल्पना से पहले बेगमपुरा शहर की कल्पना करते हैं। रैदास ने कहा–

'बेगमपुरा सहर को नाउ।
दुखु अन्दोह नहीं तिहि ठाउ।।'

क्यों कोई गाँव बेगमपुरा नहीं बन सकता? निर्वर्ण समाज शहर में ही बनाने की आशा क्यों की, गाँव बनाने की बात क्यों नहीं की, बाबा साहब अम्बेडकर ने क्यों कहा कि गाँव छोड़ो शहर और समूह में रहो? मार्क्स हिंसा के बिना क्रान्ति सम्भव नहीं मानता था। तो रैदास के यहाँ मानव हिंसा को कोई स्थान ही नहीं है। ज़ोर मनुष्य के हृदय परिवर्तन और मानवीय मूल्यों के विस्तार पर है। आधुनिक युग में जिस धर्म निरपेक्षता की बात बहुत होती है, रैदास साफ़ कहते हैं–

मस्जिद सों कोई घिन नहीं, मन्दिर सों नहीं प्यार।
दोनों में अल्हा राम नहीं, कहे रैदास चमार।

आज़ादी से पूर्व चमारों की पहचान को लेकर एक बड़ा घटनाक्रम उपस्थित हुआ था। स्वामी अछूतानन्द आर्यसमाज को तिलांजलि दे चुके थे और आगरा के कुछ चमार आर्यसमाज में जाकर अपनी पहचान यदुवंशी क्षत्रियों से जोड़ रहे थे। 1929 में 'यादव जीवन' और 1942 में यदुवंश का इतिहास नामक दो किताबें लिखी गयी थीं। सिद्ध यह किया गया कि हम चमार नहीं हैं, जाटव हैं और हमारा मूल यदुवंशी क्षत्रिय है। हम यादव का पर्याय हैं। जाटव बने चमार चमारों को ही दूर करने लगे और बाकी अस्पृश्य जातियाँ जैसे खटिक, भंगी, पासी, दुसाध तो बहुत दूर जाने लगे। पर जब समस्या आयी कि जाटव यदि क्षत्रिय हैं अछूत नहीं हैं उनकी आर्थिक सामाजिक हैसियत राजाओं, सामन्तों जैसी है तो उनके लिए किसी प्रकार के आरक्षण देने की क्या आवश्यकता है? अतः तैयार हो रही सूची से जाटवों को बाहर कर दिया गया, तब आगरा के चमार नेताओं ने सरकार के सामने अर्जी पेश की, प्रमाण जुटा कर दिये और सिद्ध किया कि दरअसल जाटव भी मूल रूप से चमार ही हैं। वे सम्मान पाने के लिए क्षत्रिय बनना चाहते हैं। चमार मूल के आधार पर जाटव चमार के पर्याय के रूप में दर्ज किया गया जो आज भी विधि संगत है।

यह एक गम्भीर समस्या है कि दलितों के भीतर भी उपजातीय अन्तर्विरोध समाज के वर्ण विभाजकों की नकल करते हैं। मुझे हमेशा याद रहता है कि चमारों के बीच भी मेरा घर एक छिका हुआ/बहिष्कृत घर था। स्वामी अछूतानन्द के जीवनीकार चन्द्रिका प्रसाद जिज्ञासु ने सन् 1956 में 'भारतीय चमारों की उत्पत्ति, स्थिति और उनकी जनसंख्या' शीर्षक से एक शोध परक पुस्तक लिखी थी।

हिन्दी समाज में चमार-महार, भंगी अस्पृश्यता के पर्याय रहे हैं। अस्पृश्य पूर्वज कवि दलित कविता के इतिहास में आधारभूत रचनात्मक भूमिका निभा चुके हैं। 22 प्रतिज्ञाएँ देने से पूर्व बाबा साहब अम्बेडकर ने अछूत सन्तों की वैचारिकी को पूरा सम्मान दिया था । जब 1948 में 'अछूत' (द अनटचेबल) ग्रन्थ छपा था तो उसे 'नन्दनार', 'चोखामेला' और 'रैदास' इन तीन अछूत सन्तों को समर्पित किया था। गुरु रैदास चमार थे और उन दोनों सन्तों की जातियाँ चमार समकक्ष ही थीं और हिन्दू समाज में सब अछूत थे।

ऐसे में जो लोग दलित सन्तों को भक्ति सन्दर्भ के कारण दलित साहित्य की पृष्ठभूमि मानने से इनकार करते हैं, वे जड़ों को छोड़ कर टहनियों और पत्तों की ही बात करते हैं। हाँ, देश, काल, परिस्थितियों के अनुसार दलित कविता के रूप बदलते रहे हैं और बदलते रहेंगे।

रैदास-कबीर के बाद और बाबा साहब डॉ. अम्बेडकर के थोड़ा पहले स्वामी अछूतानन्द की भी दलित कविता के क्षेत्र में प्रमुख भूमिका है। जहाँ तक ईश्वर-निरीश्वर विचार का प्रश्न है भक्तिकाल में किसी भी रचनाकार का नास्तिक होना अपवाद ही रहा होगा। यह स्वतन्त्रता के बाद ही सम्भव हुआ कि वैचारिकी में नयी सोच नये सन्दर्भ आये। दलित कविता के सामने भक्तिकालीन सन्दर्भ अब प्रभावी नहीं हैं। दलित सन्त ईश्वर की दृष्टि में समानता की बात करते थे। आज की दलित कविता भारतीय संविधान के समक्ष (विधि प्रदत्त) साधिकार समानता माँगती है। यही दलित साहित्य में युग परिवर्तन का इतिहास क्रम है। दलित कौम दुख-दर्द और दासता का सन्त्रास झेल रही है। अछूत जातियाँ कविता में करुणा और वेदना का केन्द्र रही हैं।

हमारी कविता वेदना की उपज मानी जाती है। आदि कवि वाल्मीकि ने जब देखा कि क्रौंच पक्षी को बहेलिया ने घायल कर दिया है, उसे देखकर क्रौंची भी उसी के साथ तड़प रही है, कवि के कण्ठ से कविता फूट रही है। आज कल 'सोशल मीडिया' ने दलित उत्पीड़न की ऐसी ही दिल दहला देने वाली तस्वीरें भेजी हैं, जिन्हें देखकर दलित कवि की कविता में तड़प और बेचैनी न आयेगी तो क्या आयेगा? यह कैसा दुखद संयोग है कि गुजरात के ऊना में मरी हुई गाय

की खाल उतारने के जुर्म में चमार युवाओं को नंगा करके उन पर निर्मम कोड़े बरसाये जा रहे हैं। ये आज के क्रौंच नहीं हैं तो क्या हैं?

लिखने बैठा ही था कि बुलन्दशहर ज़िले के एक गाँव से फ़ोन आया—'मैं ससुराल आयी, मेरे घर में शौचालय नहीं है। शौच के लिए खेत में गयी, लौट रही थी सो गाँव के जाट के बेटे ने ईख में खींच लिया...। आप कुछ कीजिए।'

सत्तर साल गुज़र गये आज़ादी भी मिली पर इस तरह का बढ़ता बहेलियातन्त्र कहीं कुछ राहत की राह निकलने ही नहीं दे रहा है?

सोशल मीडिया से सम्पर्क बन्द करो, अख़बारों की ख़बरें मत पढ़ो, किसी चीख-पुकार पर कान मत दो। तो क्या समस्या का समाधान हो जायेगा?

मेरे जीवन का शुरुआती हिस्सा ब्रज में बीता है। लोक गीत, ब्रज के गीत सुनने, गाने, लिखने का मेरा स्वभाव रहा है, समय-समय पर रेडियो प्रस्तुति भी मैं देता रहा हूँ। मैंने देखा ब्रज में गीत भी अलग-अलग जातियों में बँटे हैं। परन्तु इसे रागात्मक विभाजन कहने के वजाय मैं इसे विविधता का वैशिष्ट्य कहूँगा। मैं डॉ. अम्बा प्रसाद 'सुमन' की पुस्तक ब्रजभाषा शब्दावली देख रहा था। उन्होंने लिखा है कि ल्यौचरी, रागनी ये धोबियों के गीत हैं। जददू मड़ी, हुपँगा कुम्हारों के गीत हैं, बज्झराग अहीरों में गाये जाते हैं और बहरी खटीकों का गीत कहलाता है। इसी क्रम में देखते-देखते मेरी दृष्टि 'गोबर' और सिड़रिया' गीतों पर पड़ी। सुमन कहते हैं कि 'सावन-भादों में चमार लोग सिड़रिया नामक गीत गाते हैं।' सिड़रिया तो मेरी भी जुबान पर रहता था, परन्तु यह जाति विशेष चमार का गीत हो सकता है यह बात कभी ध्यान में नहीं आयी। गीत है—

आधी रात सिड़रिया रोबै,
कोई रोबै जार बेजार
रैन आधी पै रे।

यह जार-बेजार रोना बेचैन करता है, इसलिए भी कि सड़रिया कोई गीत भर नहीं है यह उत्पीड़ित व्यक्ति है, बहिष्कृत समाज है। जैसे डॉ. धर्मवीर मानते हैं कि कबीर का 'बीजक' भी केवल ग्रन्थ नहीं है वह एक नायक है। दृष्टि फैलाकर देखें तो आज बहुसंख्यक दलित-बहिष्कृत भारत सिड़रिया बना हुआ है। भूमिहीन, शिक्षाहीन, रोज़गारहीन, मुर्दा मवेशी ढोता, सिर पर मैला उठाता मजबूर मौत के मुँह का पर्याय गटर में जाता दलित जार-बेजार रो ही तो रहा है।

दलित के लिए व्यावसायिक विकल्प के तौर पर यह बात उन दिनों भी उठी थी जिन दिनों गाँधी जी ने अछूतों को 'हरिजन' शब्द दिया था। स्वामी

अछूतानन्द ने कविता और डॉ. अम्बेडकर ने लेख लिख कर इस शब्द का विरोध किया था। जब गाँधी जी कह रहे थे कि बच्चे माता-पिता का ही व्यवसाय करें तब डॉ. अम्बेडकर पूछ रहे थे कि यदि बदकिस्मती से कोई स्त्री वेश्यावृत्ति के पेशे में फँस गयी तो क्या उसके बच्चों को भी वही पेशा करने को मजबूर किया जायेगा?

अतः दलितों के लिए भी व्यवसायों के विकल्प खुल सकते हैं, ऐसा विकल्प सोचा जा सकता था? बात तो उस समय उठ रही थी जब प्रेमचन्द के 'गोदान' में दलित पात्र गोबर को अलादीन नामक व्यक्ति घर-गृहस्थी चलाने के लिए आय का वैकल्पिक जरिया सुझा रहा था कि 'तुम्हारी आय बढ़ जायेगी भैया। जितनी देर में आलू और मटर उबालते हो, उतनी देर में दो-चार प्याले चाय बेच लोगे। अब चाय बारहों मास चलती है। रात को लौटोगे तो घरवाली पाँव दबायेगी, सारी थकन मिट जायेगी।' 'गोदान' में दस पृष्ठों के बाद फिर लखनऊ में चाय का ज़िक्र आता है, गोबर ने एक गिलास शर्बत पीकर कहा, 'तुम तो खाली साँझ-सबेरे चाय की दूकान पर बैठ जाओ काका, तो एक रुपया कहीं नहीं गया।'

अलादीन मुस्लिम है इसलिए वह हिन्दुओं की तरह छुआछूत नहीं मानता। इसलिए वह यह नहीं सोच पाता कि स्पृश्य हिन्दुओं की दबंगई के चलते दलित की चाय कौन पिएगा? ...प्रेमचन्द के गोदान में चाय से ज़्यादा चमार का चित्रण है—मातादीन ने चमारिन बैठा ली तो किसी ने क्या कर लिया? ...झिंगुरीसिंह ने बाम्हनी रख ली उनका किसी ने क्या कर लिया? ...मातादीन एक चमारिन से फँसा था। इसे सारा गाँव जानता था। पर वह तिलक लगाता था, पोथी-पत्रे बाँचता था, कथा-भागवत कहता था, संस्कार कराता था। उसकी प्रतिष्ठा में ज़रा भी कमी न थी। एक चमारिन से उसकी आशनाई हो गयी थी, इसलिए अभी तक ब्याह न हुआ था। ...वह रहती थी पर सारा गाँव यह रहस्य जानते हुए भी कुछ न बोल सकता था। ...झुनिया रूपवती न थी, लेकिन जवान थी और उसकी चमारिन प्रेमिका से अच्छी थी। ...धन्ना चमार बैलों को हाँक रहा था, सिलिया पैर से अनाज निकाल-निकाल कर ओसा रही थी और मातादीन दूसरी ओर बैठा अपनी लाठी में तेल मल रहा था। ...चमारों ने न जाने किधर से आकर मातादीन को घेर लिया...जब ब्राह्मण के साथ रहती है तो ब्राह्मण की तरह रह। सारी बिरादरी की नाक कटवाकर भी चमारिन ही बनना था, तो यहाँ क्या घी लौंदा लेने आयी थी! चुल्लूभर पानी में डूब नहीं मरती! ...सिलिया का बाप बोला, 'झगड़ा कुछ नहीं है ठाकुर, हम आज या तो मातादीन को चमार

बनाकर छोड़ेंगे, या...सिलिया कन्या जात है किसी न किसी के घर जायेगी ही इस पर हमें कुछ नहीं कहना उसे जो कोई रखे हमारा होकर रहे तुम हमें ब्राह्मण नहीं बना सकते मुदा हम तुम्हें चमार बना सकते हैं। ...हम चमार हैं इसलिए हमारी कोई इज़्ज़त नहीं है! ...चमारों ने मातादीन के मुँह में हड्डी डाल दी...लोग चमारों पर रौब जमा रहे थे।'

इस प्रकार किसी लायक दलित का नहीं, बल्कि भिखमंगे अन्धे सूरदास, अमानवीय और कामचोर बनाये गये घीसू माधव जैसे चमार चरित्रों की कल्पना की है प्रेमचन्द ने जबकि स्वामी अछूतानन्द के नाम और काम से अपरिचित नहीं थे वे। विषयान्तरित होने के डर से सारी बात छोड़ रहा हूँ। इतना बताना चाहिए कि 1996 में गोरखपुर विश्वविद्यालय के एक सेमिनार में मैंने एक पेपर पढ़ा था उसका शीर्षक था 'प्रेमचन्द का चमार चित्रण'। उसके बाद डॉ. धर्मवीर ने एक पूरी किताब लिखी, 'प्रेमचन्द : सामन्त का मुंशी'। यह प्रश्न उत्तर की माँग कर रहा है कि प्रेमचन्द की कलम के निशाने पर चमार पात्र ही क्यों रहे? क्यों उन्होंने चमार नायकों को खलनायक बनाया? क्यों चमारियों के प्रति सम्मान नहीं दिखा पाये?

बदकिस्मती से आज दलित की स्थिति बद से बदतर नज़र आ रही है। अभिभावकों की मर्ज़ी से पन्द्रह साल से कम उम्र के बच्चे शारीरिक श्रम कर सकते हैं। बालश्रम कानून में ऐसा संशोधन गाँधी जी के विचारों के तो अनुरूप हो सकता है, परन्तु डॉ. अम्बेडकर की 125वीं जन्मशती पर यह भारत के करोड़ों बच्चों के भविष्य से क्रूर मज़ाक़ है। यू.के. कनाडा, अमेरिका में पढ़ते हुए बच्चे दिन में दो-तीन घण्टे काम कर सकते हैं। उसी तरह श्रम का सम्मान करने के लिए और देश की तरक़्क़ी सुनिश्चित करने के लिए विद्यार्थी को कक्षा आठ के बाद पीएच.डी. करने तक पढ़ाई के साथ-साथ तीन घण्टे शारीरिक श्रम अनिवार्य करना चाहिए। इसके अनेक लाभ हैं और एक भी हानि नहीं है।

11 सितम्बर 2016 दैनिक हिन्दुस्तान में किन्हीं मीना त्रिवेदी का स्तम्भ छपा यह ब्रिटेन की मौजूदा प्रधानमन्त्री 'थेरेसा मैरी मे' के बारे में था। बेटा ब्रिटेन का वीज़ा लेकर घर आया था, मैंने कहा यूके जा रहे हो, इसे पढ़ो, यह वहाँ की प्रधानमन्त्री के बारे में है। पढ़ कर पता चला है कि जब वे दसवीं में पढ़ने लगी थीं तो जेब खर्च के लिए पढ़ाई के साथ बेकरी में पार्टटाइम काम करने लगी थीं।' तो बेटे ने कहा मैं तो पहले ही काम कर रहा हूँ यह उनके लिए है जो पढ़ाई करने के साथ कोई फिजिकल वर्क नहीं करते हैं, समझे पापा?

दुनिया के सबसे शक्तिशाली राष्ट्रपति बराक ओबामा ने अपनी बेटी सशा को पढ़ाई करते हुए तीन घण्टे काम पर लगाया, सशा यू.एस.ए. के एक रेस्तराँ में मछलियाँ तलती थीं चाय नाश्ता बनाती थीं। तो इसलिए नहीं कि उनके पिता बराक ओबामा बेटी की पढ़ाई का ख़र्च नहीं उठा सकते, बल्कि इसलिए कि बच्चे श्रम का सम्मान करें। अपने खर्चे अपनी कमाई से पूरे करना सीखें।

हमारे देश के कुछ बच्चे केवल दिमाग़ी काम करते हैं। पढ़ते-लिखते हैं और कुछ बच्चे स्कूल से बाहर रहते हैं केवल शारीरिक श्रम ही करते रहते हैं। ये जब बड़े होते हैं इनमें आपसी दूरियाँ होती हैं। ये विदेशियों की तरह एक देश में रहते हैं। सब समय पढ़ने वालों को तीन घण्टे श्रम और सब समय श्रम करने वालों को पाँच घण्टे पढ़ने की व्यवस्था की जाये तो इससे बड़ी राष्ट्र सेवा कोई और हो नहीं सकती। अगर श्रम सन्तुलन पर हम ध्यान नहीं दे रहे तो राष्ट्रोन्नति पर भी ध्यान नहीं दे रहे। बच्चा किसी का भी हो राष्ट्रपति का या एक आम नागरिक का, उसे पढ़ाई के साथ कुछ घण्टे काम करना अनिवार्य होना चाहिए। उन कामों में चाय बेचना भी एक काम है। मानव संसाधन मन्त्रालय व्यवस्था करे कि विश्वविद्यालय किसी भी छात्र को स्नातक डिग्री देने से पहले श्रम सम्पन्न करने के प्रमाण-पत्र प्रदान करें। उनके बग़ैर कोई भी पढ़ाई पूरी नहीं मानी जानी चाहिए।

आयूष सिंह ने जब यूनिवर्सिटी ऑफ चेस्टर, यूके के बतौर छात्र अपने निवास परमिट कार्ड में लिखी एक सप्ताह में बीस घण्टे काम करने की इजाज़त दिखायी तो मैं आश्वस्त हुआ। अब अपनी सामाजिक दुविधाओं के धर्म संकटों के बारे में क्या कहा जाये, किससे कहा जाये? मैं आजकल यहाँ वसुन्धरा में अपने 'इन्सान निवास' में रह रहा हूँ। यहाँ हमारे लोगों ने 'अम्बेडकर कल्याण समिति' नाम से एक संस्था बनायी है और इसी के तहत एक बुद्ध विहार भी चल रहा है। मैं भी वहाँ जाता रहता हूँ। आज एक अध्यापक के साथ संस्था के महासचिव ओमबीर जी घर पर आये, कहने लगे, आपने दस जुलाई के अमर उजाला में 'रैदास न होते तो क्या अम्बेडकर होते' शीर्षक से जो लेख लिखा था उसको लेकर बुद्ध विहार के भिक्षु नाराज हैं। वे बुद्ध विहार में रैदास और कबीर की बात करना पसन्द नहीं करते। बुद्ध विहार में रैदास क़ी तस्वीर नहीं टाँगी जा सकती। जबकि सौ में सत्तर भिक्षु पूर्व के चमार हैं। रैदासी हैं और कबीरपन्थी हैं। जिन बाबा साहब ने बुद्ध धर्म अपनाया था उनका परिवार भी तो कबीरपन्थी था। मेरे जहन में यह सवाल आज भी है, कि रैदास न होते तो क्या बाबा साहब संविधान में अनुच्छेद 17 देकर

अस्प्रश्यता उन्मूलन अधिनियम की व्यवस्था करा पाये होते? जब पंजाब में चमार साझा गुरुद्वारों में समान सम्मान नहीं पा सके तो उन्होंने अलग रबिदास गुरुद्वारे खड़े कर लिए। क्या पंजाब के चमारों ने संगीत की दुनिया में धूम नहीं मचाई है। अब उत्तर प्रदेश में चमार अपने पूर्वजों के प्रति उदासीन होते जा रहे हैं। जबकि बसपा सुप्रीमो मा. कांशीराम ने कहा था कि 'मैं पंजाब का चमार हूँ और मायावती उत्तरप्रदेश की चमारी हैं।' पंजाब की ज़मीन पर चमार शर्म का सम्बोधन क्यों नहीं है और उत्तर प्रदेश में बसपा की सत्ता रह चुकने के बाद भी चमार शब्द गर्व करने का विषय क्यों है? वहाँ केवल सोलह साल की गिन्नी माही अकेली गायिका नहीं जो धीय चमारां दी, धी रबिदास दी गा रही है। वहाँ पुत्त चमारा दे जैसी अनेक आवाज़ें वातावरण में गूँज रही हैं। एनडीटीवी के पत्रकार रवीश कुमार ने स्टोरी की है, और ऐसा होने से कई बार दलित बन्धु रवीश कुमार को ही दलित पत्रकार समझ बैठते हैं। गिन्नी का उन्होंने साक्षात्कार दिखाया था और इधर दिनांक 19-11-2016 के नभाटा में वीरेन्द्र शर्मा ने गिन्नी से बातचीत की। *'डेंजर चमार'* शब्द के बारे में यह मात्र अठारह वर्षीय गायिका बताती है कि 'मेरी एक क्लासमेट ने पूछा तुम्हारी कास्ट क्या है? ...'मैं भारतीय हूँ, ...फिर कहा कि एससी कैटिगरी से हूँ।' 'एससी में क्या?' रविदासिया...चमार हूँ।'

आज मैं सुबह की सैर पर श्री परशुराम जी के साथ था। वे पेशे से इंजिनियर, प्रथम श्रेणी अधिकारी हैं। स्वभाव से निहायत शरीफ। कहने लगे, 'बेटा पूछता है पापा हम तो चमड़े का काम नहीं करते फिर हम चमार कैसे है?' मुझे याद आया करीब डेढ़ साल पहले वह बच्चा मेरे पास आया था और पूछ रहा था कि अंकल कोई बढ़िया सा सरनेम बता दीजिए जिससे जाति का पता न चले।'

शब्दों का मन पर पड़ने वाले प्रभाव के बारे में क्या कहा जाये? कुछ लोग हमें भरपूर अपमान सूचक शब्द देते रहे हैं। हालत ये हैं कि भारत की वंचित बहिष्कृत अनुसूचित जातियों को आरक्षण बचाओ के साथ-साथ शब्दाक्षर बचाओ का भी आन्दोलन चलाना पड़ेगा। अन्त में हम 'दलित' शब्द को वर्गीय शब्द मानकर सन्तोष कर रहे थे। जैसे संविधान ने 'अनुसूचित जाति', अनुसूचित ज.जा. शब्दों के तहत हमारी अनेक जातियों को एक साथ खड़ा किया। पर मीडिया में 'दलित' शब्द के इस्तेमाल के ख़िलाफ़ भी एक ख़बर 17 नवम्बर 2016 के 'द हिन्दू' में छपी है। हालाँकि मंशा अच्छा दर्शाया गया है पर वह अच्छा है नहीं। कहा गया है कि दलित शब्द संविधान में दी गयी समता के ख़िलाफ़ है। पर यदि

विषमता सूचक शब्दों को प्रयोग से बाहर करना है तो जातिसूचक सरनेम प्रयोग से बाहर किये जाने चाहिए, क्योंकि एक जाति का सरनेम दूसरी जाति के सरनेम से समानता नहीं दर्शाता। अगर जाति धर्म में समानता होती और परस्पर सम्मान और सहयोग का आदान-प्रदान हो रहा होता तो जाति और धर्म छिपाने या धर्म परिवर्तन अथवा जाति जोड़ने तोड़ने की ज़रूरत क्या थी?

पंजाब में चमार मानवतावादी चेतना सतगुरु रविदास के साथ बाबा साहब अम्बेडकर को लेकर चल रहे हैं। इधर के चमार बुद्ध को लेकर और सब को छोड़ने के उपक्रम कर रहे हैं। यहाँ तक कि अपनी पहचान को भी। प्रश्न परेशान करता है कि आख़िर बेटा अपने बाप को बाप क्यों नहीं कह पा रहा है?

बात पूरी हो रही थी और मैं श्री सुरेश कुमार के सौजन्य से 'चाँद' फ़रवरी 1928 का अंक देख रहा था। सम्पादकीय में *'आदि-हिन्दू सम्मेलन'* शीर्षक से सम्पादक ने कहा, 'आदि-हिन्दुओं का आन्दोलन केवल अछूतों तक ही सीमाबद्ध है। ...आदि हिन्दुओं की परिभाषा में चमार, पासी, ढोर, माँग, महार, पारिया पंचम, धोबी, धिरकार डोम, मेहतर आदि जातियाँ सम्मिलित हैं।' तो ये हिन्दुओं से अलग हिन्दू हैं। इस बार बाबा साहब की पुण्यतिथि पर लोकसभा चैनल पर एक पैनल डिस्कशन सुनने को मिला। वहाँ बाबा साहब के नाम पर दलित शब्द का विरोध हो रहा था। एक पैनलिस्ट तो यहाँ तक बोल रहा था कि दलित शब्द इधर 1980 के बाद आया है और डॉ. अम्बेडकर ने दलित शब्द का इस्तेमाल नहीं किया है। इन्हें कौन बताये कि 18,19,और 20 जुलाई 1942 को नागपुर में आलइंडिया डिप्रेस्ड क्लास कान्फ्रेंस, आलइंडिया डिप्रेस्ड क्लासिस विमैन कान्फ्रेंस और *'समता सैनिक दल'* ये तीन सम्मेलन एक ही पण्डाल में सम्पन्न हुए थे और डॉ. अम्बेडकर ने उन्हें सम्बोधित किया था। उन्होंने दलित डिप्रेस्ड शब्द का बार-बार प्रयोग किया था। हिन्दी क्षेत्र में भी दलित शब्द अछूत के पर्याय के रूप में 1905 में भी इस्तेमाल होता था। संविधान ने अनुसूचित जाति के रूप में भी दलित चर्चित और समवर्गीय शब्द है। पाठक कहेंगे कि यहाँ चाय कम, चमार अधिक फोकस है क्यों? तो बताने की आवश्यकता नहीं कि हाइलेबल चाय का स्वाद तो आजकल आप ले ही रहे हैं। उसे हम आप जैसे ऐरागैरा की अटेंशन की ज़रूरत नहीं है। ऊपर वालों की कृपा से चायवालों के खातों में भी छप्पड़ फाड़ कर देने की तर्ज पर नोंट घुस रहे हैं। जहाँ तक चमार की चाय का निहितार्थ है, उसका स्वाद सन्दर्भ बहुत गहरा और सदियों पुराना है।

अन्त में यह बताना उचित होगा कि इस संग्रह की भूमिका लिखने का मेरा इरादा बिल्कुल नहीं था। परन्तु मेरे सहकर्मी संगीतप्रिय मित्र डॉ. मुकेश गर्ग

की मार्फत प्राप्त हुए होम्योपैथी के डॉ. लक्ष्मीनारायण गर्ग ने कहा था कि एक मुलाकात में मुझसे और 'मीनू' से खाली चाय सेहत के लिए ठीक नहीं होती है, चाय के साथ कुछ ठोस भी होना चाहिए। सो यह भूमिका हाज़िर है, और इसके लिए प्रकाशक श्री अरुण माहेश्वरी का हार्दिक धन्यवाद।

श्यौराज सिंह बेचैन
प्रोफेसर
हिन्दी विभाग
दिल्ली विश्वविद्यालय दिल्ली
'इन्सान निवास'-1/122, वसुन्धरा, गाज़ियाबाद-201012
sheorajsinghbechain@gmail.com

अनुक्रम

इकतारा

तुन-तुन तुन-तुन
तुनन-तुना तुन
बोल रहा है इकतारा
उर वीणा के तार जोड़कर,
जीवन कथा सुनाता हूँ
इस माध्यम से प्रियवर तुम तक,
दिल का दर्द पठाता हूँ
जन्म हुआ उस घर में मेरा,
श्रम-सेवा कर जीता है
मैं कहता हूँ गौरव है यह,
द्विज जन कहें नीचता है॥
मान किया जिसका भी मैंने,
उसने क्यों अपमान किया?
आज मिली है लेकिन–
मुझको, सही विचारों की धारा॥
तुन-तुन...इकतारा॥
ईश्वर कौन निरीश्वर क्या है
कैसा यहाँ पुण्य या पाप
सरगम-सा लगता है इनको
दर्दीले स्वर का आलाप॥

अब तक मेरी सब उम्मीदों,
पर पानी फिरता आया।

थमा नहीं हूँ, पथ पर जबांके,
कष्टों से घिरता आया॥
मिला विचारक बड़ा दार्शनिक,
उससे मैंने प्रश्न किया।
एक आँख प्रेमी नहीं भाते,
चलन है यह क्यों दुनिया का?

प्यार-प्यार सब कहते फिरते,
करता कोई प्यार नहीं।
गैर-धर्म का, गैर-कौम का
महापुरुष स्वीकार नहीं
भेदभाव रूढ़ि रस्मों से
प्रेम करे सो बेचारा॥
तुन-तुन...बोल रहा है इकतारा॥

इधर सर-फरोशों के वारिस,
दिल फरोश हैं बने हुए।
इनसे कम नहीं होने वाले
दिली-फ़ासले बढ़े हुए॥
जो सच के कायल थे उनके
ख़्वाब सिसकते पड़े हुए।

हार मान कर पीछे लौटूँ—
रुकना मौत समान है तो
कफ़न बाँध कर साथ
में आये चलने को तैयार हैं जो॥
आहत, राहत और चाहत के
खेल ज़िन्दगी खेली है
थकन दूसरों के पैरों की
अपने पग पर ले ली है
मिली सियासियों को आज़ादी
हम-समाज ने क्या पाया?
मिली विरासत में बदहाली

घोर गुलामी का साया।
छुआछूत की शक्लें बदलीं–
मगर हिकारत बनी रही–
ऊपर-ऊपर मेल हो गया
भीतर-भीतर ठनी रही।

कुर्बानी नाकाम हुई या,
गुस्ताख़ी मौसम ने की।
काँटों पर शबाब आया है,
बिगड़ी हालत कलियों की?

कहाँ रहा दर्पन-मन साखी,
पाषाणों का देश है यह
दामन मत फैलाना वरना,
भर जायेगा नफ़रत से।

प्यार यहाँ का खुदगर्ज़ी है,
मतलब बड़ी दोस्ती है।
इसीलिए बीरां से बदतर,
इस बहार की बस्ती है।
ऐसे में सुख-दुख की चर्चा,
कौन यहाँ सुनने वाला?
तुन-तुन...इकतारा॥

कंठ विगुंजित मृदुभावों ने,
खोला है अधरों का द्वार।
दर्द और बढ़ गया कि जितना
किया दग्ध सुभियों से प्यार॥
उनके निजी संस्थानों पर
मैंने चहल-पहल देखी।
अलग-अलग आलाप रहे थे,
महिमा मैरिट, मतलब की।
क्या महरूम सच्चाई से थे,
मैंने पूछा किधर चले।

बौद्धिक मुझको लगे डाँटने,
क्यों समृद्धि देख जले?
किस के लिए बुद्ध की करुणा,
ईस-मोहम्मद का साया।
कोई सन्त महन्त दलित
की गरिमा नहीं लौटा पाया॥
मानव-मानव में समता ले
आया संविधान प्यारा॥
तुन-तुन...इकतारा॥

जागरूकता के अभाव में
स्वत्व गये सामर्थ्य गयी
कुछ भी बदला नहीं गाँव में
वर्ण-व्यवस्था वही रही।
विफल कल्पनावाद,
सच्चाई का पथ मिथकों से न्यारा॥
तुन-तुन...इकतारा॥

बच्चन जी के
मदिरालय में,
'नीरज' ने पीकर गाया।
चतुरी-चमार के घर
छिप-छिप कर
मटन निराला ने खाया॥
मुक्त रहे सब अकवि—
जगत के
उनको क्या लेना-देना?
धनी लोग सो गये
दीन-दुखियों
के लेकर सुख चैना
संघर्षों के नाम लिख दिया
हमने क्यों जीवन सारा?
तुन-तुन...इकतारा॥

घूम रहा नव-युवा अकारथ,
इसको काम मिला होता
अमरीकी विकास से
भारत पीछे नहीं ठिला होता
शिक्षा-निजीकरण द्वारा
यदि ज्ञान नहीं रोका जाता
क्यों तकनीक में पीछे रहते
माल चीन से क्यों आता?

क्यों विदेश से कर्जा लेकर,
मैट्रो और माल बनते?
ये सब काम स्वयं करते
यदि दलित आदिवासी पढ़ते।

अनपढ़ता विकलांग बनाये
कहते हैं हम दौड़ेंगे
अमरीका जापान चीन को
ऐसे ही पीछे छोड़ेंगे?

अस्पताल बीमार कर दिये,
सब स्कूल उजाड़ दिये।
निजी स्वार्थ में अन्धे हो,
दलित पाखी के पंख उखाड़ दिये।

सुलभ, समान औ' सस्ती शिक्षा,
हर बच्चा पढ़-लिख पाये,
पिछड़ेपन के गर्त से भारत
फिर क्यों नहीं निकल पाये?

कला, मीडिया औ' क्रीड़ा में
सब समान हिस्सा पाते
अद्‌भुत करते देश की सेवा
ज्ञान समृद्धि, सुख पाते।
हल होती हर-एक समस्या,

पूँजीवाद नहीं होता।
ब्राह्मणवाद पराजित होता
बीज भेद के है बोता
कर्मठ का अपमान न होता,
पुजते नहीं निठल्ले लोग
पूर्ण साक्षर भारत होता
करते बल्ले-बल्ले लोग
आज तो एक-एक टुकड़े को,
कामगार हैं तरस रहे।
साधन रूपी मणि कब्जइया
जाति-भेद-विष उगल रहे॥
यह आज़ादी, यह खुशहाली
हर घर अभी नहीं पहुँची।
कल ही बस्ती जली—
आबरू लूटी गयी अछूता की
यही तो भारत की माता है
इसी का देश है बेचारा॥
तुन-तुन...इकतारा॥

विधवाओं की व्यथा सुनी,
गम जाना परित्यक्ता का।
दबा लिया विद्रोह हृदयगत,
आँखों से सागर छलका॥
फिर दहेज का संकट देखा,
आत्म-हनन महिलाओं का।
देखा गठबन्धन वृद्धों संग,
निर्धनतम बालाओं का॥
जी करता है क़िस्सा कह दें
उन मनहूस पिताओं का
जो हक खा जाते हैं जालिम
अपनी ही कन्याओं का।
देने का प्रदर्शन करते

खाने का इज़हार नहीं
यह नाटक छल है—बेटी से,
फ़र्ज नहीं यह प्यार नहीं।
बेटी हक की बात करे तो
उलट पड़े है घर-द्वारा
तुन-तुन...इकतारा॥

काला-धन, दौलत वालों की
होड़ में गोड़ तुड़ा बैठे।
इतने धन्ना सेठ कहाँ थे—
लेकर कर्ज दिखा बैठे॥
मिला शरीफ दामाद तो
उस पर, उल्टा रोब जमा बैठे।
बेटी के हक छीन
अपन बेटे का महल सजा बैठे॥
बोध हुआ अन्तिम क्षण
तब तक, बिगड़ा खेल-मेल सारा।
तुन-तुन...इकतारा॥

साधन-सुविधा हीन वही है
जिसके विद्या पास नहीं।
अस्मत है आलू से सस्ती,
क्या जनता आज़ाद भई?
सच्चाई से आँख फेरते,
शब्द जाल बुनने वाले।
भटकावों में रहा आज तक,
प्रगति का ज़िम्मा सारा
तुन-तुन...इकतारा॥

गफलत में सोई जनता को,
जब हालात जगाते हैं।
तड़प दिलों में उठती है,
वे सड़कों पर आ जाते हैं॥

ज़र, ज़ोरू ज़मीन के झगड़े
उजियारे-अँधियारे में–
मनुज मुक्ति की लहर उठेगी,
जग-जल सागर सारे में॥
नये ढंग से पैदा होंगे,
प्रेम पंख नर पाखी के।
धुल जायेंगे मैल घिनौने,
वैमनस्य लिंग-जाति के॥
एक होड़ आगे बढ़ने की,
नर-नारी दिल में होगी।
चलो चलें हम दूर है मंज़िल,
कवि श्यौराज कहे म्हारा॥
तुन-तुन...इकतारा॥

बचपन पीड़ा से खेला था,
फिर ये खास उमर आयी।
आकर्षित हो गया सुमुखि प्रति
उर में बस गयी कविताई॥
मिलन रसीला मृगनयनी का,
रहा विसर्जन दर्दीला
उसका तो उपमान गीत था
भाव बड़ा था गर्वीला।
माहिल को वह मेल न भाया,
करने वह बदनाम चला।
होंठ गुलाबी हुए तो उस पर,
क्रोधी परिजन बरस पड़ा॥
दिलवाले तो दिलवाले थे
उनसे को जीता हारा
वे जग से रुख़सत नहीं होते
बिना बजाये इकतारा।
तुन-तुन...इकतारा॥

धर्म-अन्ध जब लगे डराने,

घोर नरक में जायेगा।
रस्म रिवाजों को तोड़ेगा,
बुरा नतीजा पायेगा॥
दिल आने की बात,
रंक-बिन,
रानी जी को चैन नहीं।
बूँद-बूँद कर मिली वेदना
नद पीने की प्यास रही॥
शोले बरसाती है उस पर,
बैरिन पूनम की रैना।
नींदें सपने सब खो बैठे
दुखियों के पुरनम नैना॥
ढूँढ़ रहा क्यों कविता कामिन
है कवि कातिल-आवारा॥
तुन-तुन...इकतारा॥

अब तक यह भी जान न पाया,
अपनापन क्या होता है
जीवन व्यथा-कथा को
सुनने वाला काहे रोता है?
मैं गमगीन नहीं हूँ साथी,
खुश हूँ, मेरी फ़िक्र न कर।
मेरी यादों का साया तक
मत आने दे राहों पर॥
जिसने भी अहसान किया है,
मेरा फ़र्ज यही बनता—
उसे ढूँढ़ने को मैं निकलूँ
मुझको ढूँढ़े जग सारा॥
तुन-तुन...इकतारा॥

ताजमहल खँडहर में बदला—
भूख है भूकम्पी ज्वाला।
आहत उर में आग लगा दी—

अब कुछ है होने वाला।
बाकी है अरमान कि–
उन पर आँच नहीं आने पाये।
वैज्ञानिक शक्ति मानव के,
नव विकास में लग जाये॥
रहे सुरक्षित जीवन सबका
मुक्त हो दलित-सर्वहारा॥
तुन-तुन...इकतारा॥

किस के होंठ गुलाबी प्याले,
को आँखें मयखाने सी।
किस को आदत,
दलित का शोणित
पीने और पिलाने की॥
जो न पिये वह मर्द नहीं है,
पियो किसी के अश्क पियो।
मायूसी मरने समान है,
ले स्वत्व-सम्मान जिओ॥
कौन नहीं पीता
सम्पादक-लेखक–
सारे पीते हैं।
पीने को लेकर दलितों के
घर-घर रोज़ फ़जीते हैं
निर्धन का पी खून
धनी घर कैसे सुख पहुँचा सारा?
तुन-तुन...तुन-तुन...इकतारा॥

प्यार के दिन, दुलार के दिन,
मिल जायें किसी को क्या कहना।
पर फागुन में सावन लायें
प्रिय के सुख हारे नैना॥
छोड़ चले दिल तोड़ चले,
फिर कब आओगे परदेशी।

भावुकता का समय नहीं यह
कथा न लैला मजनूँ की
साथ रहे सुख-दुख में मिलकर,
ज्यों तट नदिया की धारा
तुन-तुन...तुन-तुन-तुनन...इकतारा॥

मुँह फैलाए खड़ीं देश की,
जलती हुई समस्याएँ।
जातिवाद का ताण्डव करतीं,
सामन्ती प्रवृत्तियाएँ॥
बेकारी बढ़ रही भयंकर,
महँगाई आकाश चढ़ी।
घोर तबाही का आलम है,
चैन नहीं है एक घड़ी॥
नेता लूट रहे जनता को,
छल आश्वासन के द्वारा
सेठ मिलावट-खोर
करें अपराध
बटोरें धन-कारा
तुन-तुन...तुन-तुन-तुनन...इकतारा॥

इन्द्रलोक सपने में पहुँचा,
परियों से थी भेंट हुई।
वेसुकुमार सुकोमल देखीं,
जैसे कलिका छुई-मुई॥
बोलीं हमने सुना हुआ है।
तुम इकतारा वाले हो।
मनहर स्वर सरगम जैसा है।
वादक भी मतवाले हो॥
संकेतों में बात हो गयी,
जब ले गयीं क्षितिज के पार
बैठ कल्पना की चोटी पर,
मैंने गाये गीत मल्हार

फिर तो लवस्टोरी जैसा,
बढ़ा दिया दिल का दायरा॥
तुन-तुन...तुन-तुन-तुनन...इकतारा॥

भूख जिन्हें खाये जाती है,
फ़ुटपाथों पर सोते हैं।
शोषण की चक्की में पिसते,
जब कि जोखि़म सहते हैं॥
हाय उदर की जठरानल ने,
तन, मन, यौवन जला दिये
अन्धकार ने मजबूरों के
घर में आसन बिछा लिये॥
बेसब्री मजबूर करेगी,
कब तक आँसू पी लेंगे,
आरक्षण अधिकार है
उनका क्षतिपूर्ति भी लेंगे।
अब न छिपेगा आसमान में,
इनकी मेहनत का तारा॥
तुन-तुन...तुन-तुन-तुनन...इकतारा॥

अद्‌भुत भोर भई है भाई।
हम क्यों धोखा खाते हैं?
बुरे बिता लो जैसे तैसे
अच्छे दिन भी आते हैं।
मत देखो सम्मुख सूरज को–
नैना चुँधिया जाते हैं।
समय फेर में सुहावने भी–
डरावने हो जाते हैं।
मंज़िल क्या–
ऐसे में राहत के
रस्ते खो जाते हैं।
हटी गरीबी
समता आयी, यह मुगालता–

ख़ूब रहा।
उस आशा में रहा अधमरा
इसने तो पूरा मारा।
तुन-तुन...तुन-तुन-तुनन...इकतारा॥

भावांजलि मैं उन्हें दे रहा,
जो रक्तांजलि देते थे।
अँग्रेजी साम्राज्यवाद से,
जम कर लोहा लेते थे॥
डाकू चोर समझते थे वे,
मुक्ति के मतवालों को।
अमिय समझ पी गये,
यातनामयी दमन के प्यालों को॥
फाँसी के फन्दों को चूमा,
बलिवेदी पर प्राण दिये
हँस-हँस कर जल गये पतंगे
पर समझौते नहीं किये
लेकिन दुनिया वालो देखो,
यह कैसा इन्साफ हुआ।
प्रगति-विरोधी को सुविधाएँ
दलित शहीदों को कारा॥
तुन-तुन...तुन-तुन-तुनन...इकतारा॥

आज़ादी रह गयी अधूरी
गोया झूठा खेल हुआ
श्रमिकों की दुर्दशा बढ़ गयी
मिशन मुक्ति का फेल हुआ
आयी जवानी, भायी जवानी
जीवन में खुशियाँ छायीं।
हृदयांगन की बगिया में थीं,
सुखमय कलियाँ मुस्कायीं॥
दुनिया में सब कुछ है साथी।
अब क्या चीज़ असम्भव है।

पर मैं कैसे जश्न मनाऊँ,
मुफलिस के घर मातम है॥
माँ के सर का बोझ बनी है,
कुँआरी विधवा की बेटी,
अर्थ बिना ज़िन्दगी व्यर्थ है
हमने अनुभव से देखी॥
नाम न लो मस्ती हस्ती का,
झूठा अभिनय है सारा॥
तुन-तुन...तुन-तुन-तुनन...इकतारा॥

ऐसा शोषक तत्त्व कौन है—
जिसे काल नहीं खायेगा?
दलित-गरीबों के हक
खाकर कौन अमर हो जायेगा?
आज नहीं तो कल
हिसाब दुनियादारी में होना है
जिसने क्षति की है
उस ही को, दंड का भागी होना है।

राज कहाँ अब राजाओं के,
दास कहाँ अनुदास कहाँ।
कहाँ गयीं मुमताज मेनका,
रानी और रनिवास कहाँ॥
चँवर डुलाती हुई दासियाँ,
कहाँ गयीं बतलाओ तो,
कलियाएँ छूकर छोड़े थे।
वे बागवाँ बताओ तो॥
सुरा-सुन्दरी के उपभोगी,
कहाँ एक दो तीन हुए।
ठेकेदार धर्म ग्रन्थों के,
बोलो कहाँ विलीन हुए
एक सवर्णिका की सेवा में,
दस दलिताएँ रहती थीं

कपड़े बर्तन धोती थीं
वे चाय-नाश्ता देती थीं।
मैडम बक-बक टंकित करतीं
कुछ कविताएँ गढ़ लेती थीं।
छल-प्रपंच शोषण के धन से
भरा पड़ा था घर सारा॥
तुन-तुन...तुन-तुन-तुनन...इकतारा॥

समता-सूरज उदित हो रहा
देखो दृश्य हसीन हुए
अन्धकार के रखवारे सब
क्यों किस ओर विलीन हुए
दलित और अश्वेत पा रहा
लोकतन्त्र में उजियारा॥
तुन-तुन...तुन-तुन-तुनन...इकतारा॥

सुन्दर राज सुताओं पर जो,
राजे रीझा करते थे,
गैरों की गर्दनें काटते,
खुद भी कटते-मरते थे॥
निहित स्वार्थ में
कलम कला का,
कविगण सौदा करते थे।
युद्धाग्नि में घृत समान,
वे कविताएँ थीं याद रहे,
जीत हुई तो राजा जीता,
मरे तो सैनिक खेत रहे।
राजपुरोहित ही था माहिर,
उल्टा पाठ पढ़ाने में॥
गौरव था भाई-भाई को,
छूत-अछूत बताने में।
स्वागत संविधान
का जिसने

दूर किया झंझट सारा॥
तुन-तुन...तुन-तुन-तुनन...इकतारा॥

धीर-वीर उस भगत सिंह का,
सपना अभी अधूरा है।
घड़ियाली आँसू बरसाना,
श्राध्य नहीं छल पूरा है॥
ऊधमसिंह दलित योद्धा ने
लन्दन में डायर मारा
मातादीन भंगी ने
की थी पावन मेरठ की कारा
वर्ण-तन्त्र जब तक हावी है
निर्धन पिछड़ी कौमों पर
बारूदों का खेल है जब तक,
नेताओं की मेज़ों पर॥
सुधियों में बस गये सिपाही,
अनुपम निधियाँ छोड़ गये।
सूनी रही कलाई उनकी,
राखी बन्धन भूल गये॥
पत्नी का मदमासी यौवन,
झुन-झुन पायल खनखाती,
बाँहें तज राहें अपनायीं,
दिया इंकलाबी नारा॥
तुन-तुन...तुन-तुन-तुनन...इकतारा॥

दलितों का दोहन करते–
शोषण का महल बनाते हैं।
देश लूटने वाले ही जब,
देश-भक्त बन जाते हैं।
भूखों मरती दलित मजूरिनी
उनके 'स्विस' में खाते हैं।
मेहनत करते-मरते देखी,
फटेहाल श्रम की बेटी।

झुग्गी में दुख-दर्द आ गया
ना आयी सब्ज़ी रोटी
भूखी माँ की गोद में
सोया गहरी नींद नयनतारा।
तुन-तुन...तुन-तुन-तुनन...इकतारा॥
हाले जिगर शमां क्या जाने,
साखी इस परवाने का।
दीवानों को रहना पड़ता,
बनकर गैर, ज़माने का॥
बिन हम-राही, मंज़िल भाई,
मिले किसी को आश नहीं।
यूँ तो लाखों साथ हैं लेकिन,
हर एक का विश्वास नहीं॥
प्यार एक जज़्बा है जिस पर,
इठलाना पागलपन है।
स्वारथ से मत करो असुन्दर
प्यार सदा सुन्दरतम है॥
अश्क बदलता है मदिरा में,
शोले बनता अंगारा॥
तुन-तुन...तुन-तुन-तुनन...इकतारा॥

दिल का दर्पन टूट न जाये,
मत होना मायूस कभी।
जैसे चिर साथी सुख तेरा,
विपदा भी है साथ अभी।
दर्द मिला है जो दुनिया में,
वह जीवन संगीत बना।
अकुलाहट में राहत लायें,
ऐसे मधुमय गीत बना॥
कंचन का घृत-दीप व्यर्थ,
जो माटी में है नहीं मिला।
अगर उजाला ही करना है,

तब तो अपनी उम्र जला॥
लेकर जग से क्या जाना है
देना है जीवन सारा॥
तुन-तुन...तुन-तुन-तुनन...इकतारा॥
क्या हो गया नयी पीढ़ी को,
हर इक रूढ़ि तोड़ रही॥
अपनी बुद्धि-विवेक पै देखा
नहीं भरोसा छोड़ रही॥
कहाँ पलायन हुआ पृथाओं का,
कोई बतलाओ तो–
क्यों बिजली सी दौड़ रही है,
अलग विचारों की धारा॥
तुन-तुन...तुन-तुन-तुनन...इकतारा॥

उर की कोमल भावुकता,
पर बड़ा कुठाराघात हुआ।
नर्क-स्वर्ग जाने वालों में,
कोई न मेरे साथ हुआ॥
मैं धरती का जीव मुझे
तो युग-यथार्थ में जीना था।
आँसू हो या गंगाजल हो
जीना था तो पीना था
अब होगा कब होगा साथी,
उम्र गयी इन बातों में।
सुलग रहा है मन का चन्दन
दुख बरसाती रातों में॥
पतझर से ज़्यादा खलता है,
यह बसन्त न्यारा-न्यारा॥
तुन-तुन...तुन-तुन-तुनन...इकतारा॥

पिछड़ गया विज्ञान हमारा,
अर्वाचीन समझदारी।
कानों से अब पुत्र नहीं,

पैदा करती माता कुँवारी॥
माँ का नाम कलंकित
ममता को धिक्कार हुआ
कर्मवीर माता को तरसा
धर्म-कर्म-बेकार हुआ॥
ममता को मरियम से—
आखिर माँ का पाठ सीखता था।
कोख ने जिसको
जन्म दिया सरिता जल में जाता था।
फ़सलें ही फ़सलें उगती हैं,
सीता उगती एक नहीं।
धरती से बच्चे उगने का
रहा कोई उपदेश नहीं॥
तुलसीदास का काव्य-कर्म
क्यों झूठा साबित करता है?
रामराज बस राज राम का,
निष्कासन सीता का है॥
राज खुला 'श्यौराज' आज अब
अविरल तर्कों के द्वारा
तुन-तुन...तुन-तुन-तुनन...इकतारा॥

धनुष न टूटा था रावण से,
हार मान वह लौटा था।
सीता शक्ति थी अम्बा थी,
रावण हार के बैठा था।
सर्व शक्ति सम्पन्न मात्र इंगित,
से क्या कुछ कर डाले?
पंछी गण खग कुल सब उस की,
थे पूजा करने वाले॥
बचपन में जब जनक पिता का
आँगन झाड़ा करती थी
शिव का भारी धनुष उठा कर

इत-उत रखती-फिरती थी।
एक बार रावण ने भी
शिव धनु जाकर आजमाया था
हिला डुला ना सका था
अपनी उँगली तुड़वा आया था।
प्रश्नाकुलता जाग उठी तो
तुलसीवादी बतलाएँ
पंचवटी से निबल-सबल को,
कैसे ले गया बेचारा॥
तुन-तुन...तुन-तुन-तुनन...इकतारा॥

कली नवेली चंचल थी पर,
वृद्ध भ्रमर मन है बहका।
बोला—अद्‌भुत
छवि निहार कर
मेरा तन-मन है महका॥
कहा नाजनीं ने 'आईने' में—
अपनी शक्ल देख आओ।
इन करील जैसी नज़रों को,
मत गुलाब पर बरसाओ॥
ख़्वाहिश और तमन्नाओं से,
नहीं बजेगा इकतारा॥
तुन-तुन...तुन-तुन-तुनन...इकतारा॥

अभी उदासी है गाँवों में,
हैं मज़दूर किसान दुखी।
फ़ुटपाथों पर आकर देखो।
असली सूरत भारत की॥
हाय भूख से टूट रहे दम,
पेट-पीठ मिल एक हुए।
इधर मरी इच्छा के मातम,
उधर मोद-आमोद हुए॥

स्कीमें काग़ज़ी रह गयीं,
वायदे झूठे आम हुए।
भूखे पेट जिस्म बिकते हैं,
सपने सब नीलाम हुए॥
इकतरफा दौलत के दम पर,
सुख-आनन्द लिया सारा
तुन-तुन...तुन-तुन-तुनन...इकतारा॥

श्रम सेवा में लगा हुआ है,
रक्त-पसीना मानव का।
उसका सदुपयोग करना है
यही मूल है जन-धन का,
प्रतिक्रियाओं में ज़िन्दा है,
स्वागत इच्छा शक्ति का।
राजतन्त्र के खँडहरों पर,
प्रजातन्त्र का भवन बना॥
मत यह शोषण तन्त्र बनाओ
वरना हम पछताएँगे
पूर्वजों की वर्ण व्यवस्था
अगर अमल में लाएँगे
असफल करके संविधान को
मनुवाद पनपाएँगे
घर में होगी कलह
युद्ध के कारन भी बन जायेंगे
मौक़ा देख गैर मुल्की आ
फिर से दास बनाएँगे।
बलिदानों के बिन स्वराज का
गुड़ गोबर होगा सारा
तुन-तुन...तुन-तुन-तुनन...इकतारा॥

समता–व्यापकता आयेगी,
अर्थ विषमता जायेगी।
छूत-अछूत

ब्राह्मण-चमार की
हर खाई पट जायेगी
जात-पाँत के फन्दे टूटें,
दक़ियानूसी दूर हटें,
ठाकुर की भी मूँछ रहे,
कोई शूद्र न कहे—"मुझे मारा।"
तुन-तुन...तुन-तुन-तुनन...इकतारा॥

"भेदभाव सदियों से जारी,
सभी मिटाए जायेंगे
शोषण से अब मुक्त हों मानव,
गीत ख़ुशी के गाएँगे॥"
सूदखोर सामन्तों के जब,
ढूँढ़े ना अवशेष मिलें।
खून-पसीने की रोटी के,
वे नूतन इतिहास रचें॥
लूट की रात विदा होनी है
फैले सुख का उजियारा।
तुन-तुन...तुन-तुन-तुनन...इकतारा॥

बना हड्डियों का सिंहासन,
दिल्ली में वे बैठे थे।
हम इस पार अँधेरों में,
वे अति प्रकाश में ऐंठे थे॥
भोग-विलास भरा महलों में,
कुटिया का सुख छीन लिया।
सच्चाई पर पर्दा डाला,
झूठ को बना मशीन लिया॥
नया नहीं शोषण का क्रम,
सदियों से चलता आया है
सत्य अहिंसा के युग में भी
मानव ने मानव खाया है॥
देश जीत लाया बाहर से

घर में क्यों सैनिक हारा
तुन-तुन...तुन-तुन-तुनन...इकतारा॥

बढ़ा विषमताओं में आगे,
फिर क्या आगे देश हुआ?
बड़ी घृणा–
असहयोग बढ़ गया
अतिशय कष्ट क्लेश हुआ।
पायल जैसे झंकृत होते,
तेरे उर धड़कन के तार।
कविता-कामिन सिहर रही थी,
चितवन चित्त पर करती वार॥
नदी किनारे रात-रात भर,
बैठा बीन बजाता था।
मेरी प्रतिध्वनि थी या,
तेरा मीत रागनी गाता था॥
पंख समेटे बैठा पंछी
था नभ में उड़ने वाला,
खुद ही मूक बना बैठा है।
मुँह पर मत डालो ताला॥
राही का अरमान एक है,
पनघट उसे दिखा देना।
प्यार की गगरी खाली होगी,
भर देना सृजन सारा।
तुन-तुन...तुन-तुन-तुनन...इकतारा॥

(यह एक लम्बी कविता। मैंने बारहवीं कक्षा पास होते ही, सन् 1980 में लिखी थी। मूलरूप में मिल गयी। 1983-84 में इसे पुनः लिखा था, अब उत्कृष्टता के आग्रह से बाँधकर अधिक छेड़छाड़ की तो तात्कालिक मौलिकता मर जायेगी। मतलब यह नहीं कि दौरे हाजिर जो हालात हैं, मैं उनके मुताबिक कल को फिकरमन्द नहीं हूँ। मैं कविता में कतिपय बदलाव कर रहा हूँ। कह सकता हूँ तुक और तर्ज के मामले में 1980 का तो बहुत कम ही बचा होगा, पर एक ड्राफ्ट, एक धुँधली तस्वीर का खाका या जिसमें कुछ नये रंग भरने का भी प्रयास किया है मैंने।)

अनपढ़ हो जाना है

बैठ वायु के रथ पर
आकाश के पथ पर
जा रहा समुद्र पार
हिन्दू ग्रन्थों का
प्रभाव क्यों सता रहा?
काश मैं
नहीं पढ़ता
अनजानी शंका से
काहे को मन भरता?
जिनके लिए समुद्र–
यात्राएँ वर्जित थीं–
शूद्रों-अछूतों को–
बाहर की दुनिया से
दूर किये रक्खा था
मानव को मानव से
मिलने कब देता था?
बाँचे तो होंगे ही
ग्रन्थों के पृष्ठ–किन्तु,
देखा है कितनों ने
'प्रकृति की पुस्तक' को?
कितना कम पढ़ पाया
मानव धरती-नभ को
अतिशय परिशीलन से
अनपढ़ हो जाना है?

मुड़-मुड़के

जन्म घर—
अजूबों का,
हृदय-स्पर्शी था
कोई कहाँ सानी है?
सागर में पानी है।
पानीदार होने की
अद्‌भुत कहानी है।

सात
शान्त गहरे अज्ञात
काले श्वेत, लाल
सागरों की अलग जात
लघु-दीर्घ होने की
करता न कोई बात
बहते अनुशासन में॥

पर्वत नभ चुम्भी जो
मन की गहराई भी
बन आयी ऐसे में।
डुबकियाँ ख़यालों की
ले-ले के उभरा मन।
उन काली सदियों में
मुड़-मुड़के झाँक रहा—
पुरखों के दुख असीम

युद्ध में पराजित
छल लिये गये थे जो।

गाँव के सिवाने में
क़ैदियों से जीते क्यों?
सेवा के आदी—पर

तिरस्कार सहते क्यों?
बने रहे,
अनपढ़ अछूत जात।
गदहे घोड़े ज्यों
खाते ही रहे लात
जबकि
बचाव शान्ति
रखते हैं—
स्वयं साथ।
सन्तति हन्ताओं की
उन्नत सिर सम्मानित।
दण्डनीय हैं जो
गाँव के न्यायालयों में
वे दंडाधिकारी हैं।
कारा से बदतर ही
गाँव शहर हैं जिनको—
देश बहुत सुन्दर है
गीत हम ने क्यों गाया?
जानते नहीं हैं क्या—
दवा और दारू का
अधिकारी होता है—
क़ैदी भी दुनिया में।
रोटी की—
गारंटी होती है उसको भी।

पढ़ने-लिखने की भी

सुविधा वह पाता है।
जेल से निकलने पर
सम्मानित-जीवन की
दुनिया में जाता है।
सोच-बोल सकता है—

लेकिन अछूतों का—
हाल क्या बनाया है?
कहने को मानव
पै, पशुओं से
बदतर कर
न्याय की कसौटी को—
किसने झुठलाया है?
संसद के सत्रों में
बहसें जो उठती हैं
मुद्दे जो आते हैं
जनता के सपने भी
आश्वस्ति पाते हैं
हिताघात सहते हैं
क्षति असीम होती है
हर्जाना देने के—
प्रश्न पर न आते हैं।
बौद्धिक कुचक्रों में
फँसा हुआ बेकाबू
ऋषियों के, मुनियों के
भारत में दुःख-दारिद्रय
ईश्वर तक जन्म—
यहाँ ले ले के आते हैं।
नीच-ऊँच भेद-भाव
से बचके जाते हैं।
ज्ञान-वर्ण-सीमित कर
लौकिकता-विसार

पुनर्जन्म, कर्म-भेद
प्रारब्ध सर्वोपरि
मानव को मानव से
तुच्छतर बताते हैं।
मूक रहे पुरखों का
ऋण जब होता स्मृत
मन दुःख के सागर में
डूब तभी जाता है।

दृश्य

तेरह अक्टूबर
सन् दो हज़ार की भोर
लन्दन के हितरो हवाई
अड्डे पर उतर रहा है विमान।
बर्फ़ के गुब्बारों में गोते लगाता वह
लग रहा है जैसे
गहरे पानी में डूबता उछलता
है कोई अति दक्ष गोताखोर,
कोहरा फिर छा गया घनघोर॥

शिमला में

जन्मा, जीता हूँ
जिस विशाल भारत में
उसके प्रांगण में मैं
कश्मीर से कन्याकुमारी,
गोवा त्रिवेन्द्रम चेन्नई तक,
कोलकाता, मुम्बई,
मसूरी, पटना, चंडीगढ़ भी।
ताजमहल, लालक़िला,
जामा मस्जिद देख लिया करता हूँ॥
साँची और पंचमढ़ी
भोजपुर का शिव मन्दिर
इन सब के बारे में
कितना लिख पाया हूँ?
भारत की व्याधि का
उपचार परदेशी
करना क्यों चाहता हूँ?
क्या लन्दन जाने से
मैं कवि बन आया हूँ
पूछ रही हैं मुझसे
मेरी ही आवाज़ें
शिमला की वादी में–
करने क्या आया हूँ?

शेक्सपियर का घर और डॉ. अम्बेडकर का निवास

1

देखने को देखा और भी विस्तार–
स्मरणीय दृश्य जीवन में रहेंगे दो-चार
मसलन–
महाकवि शेक्सपियर का घर-द्वार
जो रहे आंग्ल साहित्य के श्रृंगार

2

लन्दन में देखा–
बाबा साहब डॉ.
अम्बेडकर का निवास
और चित्र–
उतार कर रख लाया
दिल के पास।

लन्दन में

यहाँ आकर
विश्व गुरु
बच्चा हो जाता है।
लन्दन
कला, साहित्य
संगीत
ज्ञान-विज्ञान की
सम्पदा से
जग विख्यात है।
एक से बढ़ कर
एक, उन्नत
विश्वविद्यालय
आक्सफोर्ड
कैम्ब्रिज और ओस्टोन
मुकाबिला—करेगा कौन?
जहाँ पढ़ गया एक अछूत।
बना ज्ञान का विश्वदूत॥

मैं

ज़िन्दगी जो–
मैं जिया,
जो तजुर्बे
प्राप्त कर
पाया हूँ मैं।
है अमानत आप की
सब आपके ही वास्ते
लाया हूँ मैं।
कल कहूँगा
कल सुनूँगा
उम्र यूँ जाती रही
स्वप्न जो
साकार करने थे
न कर पाया हूँ मैं।
साफ़ दिखता हो किनारा
नाविकों पर हो यक़ीन
अपनी कश्ती
को वहाँ तक
ला नहीं पाया हूँ मैं।

आखिर क्यों?

बाढ़ आती है,
गाँव के गाँव
बहा ले जाती है
भूकम्प आते हैं
शहर समुद्र में
विलीन हो जाते हैं
प्राकृतिक
आपदाओं से त्रस्त
जो बच जाते हैं
उन्हें राहत—
पहुँचाने के लिए
स्कूलों, कालेजों से—
चन्दे किये जाते हैं।
सरकारी नौकर
एक दिन का वेतन देते हैं
राजकीय राहतकोषों के
मुँह खोल दिये जाते हैं।
उदारता के
मानवीय गुण—
बहुत लुभाते हैं।
परन्तु
हज़ारों साल से
मानव दत्त

आपदा से घिरे
दलितों के लिए
वे इतनी ही अनुदारता
से ओतप्रोत रहते हैं।
अन्याय भी करते हैं
और रिश्ते
तर्के-ताल्लुक में
बदल जाते हैं
क्यों आखिर क्यों?

स्थिति

चेंज यहाँ
चेलैंज बड़ा है,
यथास्थिति–
इसीलिए सिर चढ़ी हुई है
इन्सानी बदलाव–
राह से दूर खड़ा है।
कोई हैं कि,
ढपोरशंख से–
वायदे ही वायदे करते हैं।
वाक् पटु हैं,
अतिभाषी हैं
मत लेने में
सिद्धहस्त वे
बकवासी हैं
सिर्फ़ मुखरता से ही
मसले हल करते हैं।
दलित हितैषी
मितभाषी हैं।
मौनी बाबा
मुँह में जुबां
नहीं रखते हैं?
बात ज़रूरी भी
कहने की हो तब भी

कहा नहीं करते हैं?
ऐसे में
भगवान भरोसे
मेरा भारत
वर्तमान भूखा–
भविष्य–
का डर खाए जाता है।
परिवर्तन भी और यहाँ
अपने-अपने हैं।
दलित, आदिवासी
मुस्लिम और ओबीसी
इनके हक,
इनकी चिन्ताएँ–
कौन करेगा
साझा इनके,
किसके हक में होंगे सपने?
प्रश्नाकुलता–
सता रही है।
बाँट लिए हैं
देश भक्त भी
अपने-अपने॥
बिना बुलाए
आ जाते हैं
रोज़ कल्पनातीत
डराने वाले सपने॥

सारे जहाँ से अच्छा

वे अक्सर
कामयाब होते हैं
दलितों की हत्याएँ
करने-कराने में।
वे कामयाबी
का जश्न कुछ
इस तरह मनाते हैं
गोया
विश्व-युद्ध के
महा-विजेता
वही हैं केवल वही।
उनके इस
आतंक से
मातम पसरता है,
दलितों मुसलमानों की
बस्तियों का
चप्पा-चप्पा डरता है।
जब इनके
बच्चे रोते हैं बिलखते हैं
तब उनकी बाँछें खिलती हैं
मूँछें तनती हैं
वक्ष फूलते हैं–
इंसानियत सिकुड़ती है।

यही हुआ
गणतन्त्र दिवस
की वेला में
महामहिम
राष्ट्रपति ने
कहा—'दलितों, स्त्रियों
और कमज़ोर वर्गों पर
हो रहे—
जुल्म रोको।'
तो जैसा कि वे
ठीक उलटा करते रहे हैं।
दलित मनीषियों के
आह्वानों के
वैसा ही उन्होंने
किया इस बार भी।
बिहार में शहीद कर
दिये दर्जनों दलित और
बलि चढ़ा दिये
जाति-विद्वेष की वेदी पर
'मेरे वतन के लोगो—
जरा आँखों में भर लो पानी'
क्योंकि अभी भी
ज़िन्दा है दलित
दलन की कुटिल कहानी।
फिर—दिल पर
रख कर हाथ
ज़ोर से देना नारा
'सारे जहाँ से अच्छा—
हिन्दोस्तां हमारा'।

जारी है

संघर्षों के बाद
मिली थी आज़ादी
बलिदानों की
मुहिम में शामिल
दलित भी थे,
गैर-दलित भी
अब दूसरी
आज़ादी कहें
या कहें
दलितों के लिए पहली।
सामाजिक
आज़ादी का
युद्ध चल रहा है।
सत्तर साल
हो गये स्वराज को
अब तक दलित को
दला था
अब क्रूरता से कुचल रहा है।
और मुक्ति युद्ध
दलित स्त्री को साथ—
साथ न रहने से
विफल रहा है।
भाग्य और

भगवान भरोसे
छोड़ दिया कल
शिक्षा-साहित्य को
हथियार नहीं बनाया।
भूमि स्वामित्व
के खिलाफ़
भूमि सुधार
मानवाधिकार
और
आदमी से आदमी
के प्यार के लिए
शहीद हो रहे हैं–
देश के भूमिहीन दलित।
गाँव के हर कोने में
नगरों महानगरों में कमोबेश
शहादतों के
सिलसिले जारी हैं
उत्तर प्रदेश और बिहार,
सुधरने के लिए
नहीं हैं तैयार
मध्यप्रदेश
दलित उत्पीड़न में
आगे है कमोबेश
राजस्थान
सागन्ती-जुल्म
के वारिस राजाओं
के कुल-खानदान।
इच्छा मृत्यु,
माँग रहे हैं,–
दलितों के पचास परिवार।
माँग नहीं यह
राजनीति है
टी.वी. पर बोली सरकार॥

जायें तो जायें कहाँ?

दिल्ली बे-दिल हुई
स्लम्स में
फेंक चुकी दलितों के लाल
राजाओं के
नाम हट गये
किले-महल के
आ गये फ्लैट्स कुबेरों को
लोकतन्त्र में
राजतन्त्र के
भेष बदलकर
आ बैठे भूत
पूजनीय हो गये
रियासत में
आकर
शातिर अवधूत॥
राजघरानों
के रजवाड़े
बड़ी विषमता
खुले अखाड़े
काले धन की
नदी में बह कर
क्रिमिनल काँटों
को संग लेकर
चैनलियों को

चंदे देकर
संसद में आ कर
देश के
सामूहिक उत्थान
की सम्भावनाओं को
निरक्षरता–
दरिद्रता मुक्त
राष्ट्र के सपनों को
स्वास्थ्य और शिक्षा
आवास और सुरक्षा
केवल शब्द बन गये हैं।
जान कर खुश हैं कि
'दलित-भारत
का भविष्य
उज्ज्वल नहीं है।'
तो 'देश की आज़ादी को
भीतर-बाहर से ख़तरा–
भी यही है।'
इक्कीसवीं सदी
हमारे ऊपर मुसीबतों
के पहाड़ बनकर आ रही है।
स्कूल बन्द–
हो चुके हैं
विद्या-शब्द
दुकानों में बिक रहे हैं
अब गरीब
दलित की बेटी पढ़ नहीं पा रही है।
और फिर मजबूरन
विस्थापित गाँवों से
जायें तो जायें कहाँ
शहरों के स्लम्स में,
घुसे ही चले आ रहे हैं
गैर-मुल्कियों से ख़ामख़ाँ।

देश चलेगा कैसे

यह दलितों का कत्लेआम
सैंतालीस के बाद से अब
लेता नहीं रुकने का नाम
दमन चक्र चलता अविराम।
बाबा साहब अम्बेडकर
की आशंकाएँ
सवर्ण राज से
सच साबित हो रही हैं।
'पूना पैक्ट' किया
क्या पाया पूछ रही है?
आज़ादी तो
धनी वर्ग
स्पृश्य—
हिन्दुओं की आज़ादी?
मातादीन भंगी के बच्चे
मैला ढोएँ
उधम सिंह चमार
के घर में
हिन्दू आग लगाने पहुँचे।
अब यह देश
चलेगा कैसे?
देश की
भूमि और भवनों पर जिनके

नाजायज़ कब्ज़े हैं।
बैंक बैलेंस हैं
कारपोरेट
घरानों से नाता है
विदेशी बैंकों में खाता है।
बच्चों को महँगे अँग्रेजी
स्कूलों में पढ़ाता है।
दलितों और
मुसलमानों
के सरकारी
स्कूलों को
बिना मौत के
मार चुका है
आज़ादी उनके लिए है
जिनके पास
उच्च स्तरीय नौकरियाँ हैं।
निजी संस्थाओं पर स्वामित्व है।
उनके ऐशो-आराम के
ज़माने हैं
जिनकी मिल्कियत में
कल-कारखाने हैं।
स्वराज
दलितों पर गैर-दलितों का राज है
उनका आदर्श
पन्द्रह अगस्त
और छब्बीस जनवरी
से पहले का पेशवाई समाज है।
अस्पृश्यों की
अपढ़ फ़ौज पर
वोट-वाज को बड़ा नाज है।

कि जो अखबार पढ़ता है

सन्तोष के लिए
कोई वजह नहीं है
जाति से जाति लड़ती है,
धर्म से धर्म भिड़ता है
ख़बर है उसको
हर दिन की कि जो
अख़बार पढ़ता है।
ऐसे में
भाईचारे के लिए
भी कोई जगह नहीं।
यह कैसा फल है
कैसा स्वाद है कि
जिसका
जीभ को–
पता नहीं है।
आज़ादी के
आम-खास में
क्यों कर मज़ा नहीं है।

समाज
बदलेगा
तो
बदलेगा देश भी
सियासत

बदलने से बहुत–
कुछ कम बदलता है।
सियासत में
एक अछूत का बेटा
राष्ट्रपति तक
बन सकता है
अपील कर सकता है
न्याय के लिए
अमन के लिए
आज़ादी के लिए।
न्यायपालिका में
रिज़र्वेशन के लिए
मीडिया में
भागीदारी के लिए
किन्तु,
सामाजिक-सत्ता जो करती है,
उसकी अपील
के ठीक उलट करती है।
गणतन्त्र के दिन भी
दलितों पर जुल्म करती नहीं डरती है।
चक्र यही चलता रहा,
तो कौन अपना कहेगा
आज़ादी को
कौन कहेगा कि
हम भी स्वतन्त्र हैं।
यत्र-तत्र सर्वत्र
कारगर
जात्याभिमानियों
की जड़ता के यन्त्र हैं।
आज हाँ,
हम स्वतन्त्र हैं॥

(28 जनवरी, 1999)

भ्रम

1

अच्छा होता
ज़िन्दगी
खुशफ़हमी में
गुज़र जाती
कि वह थी
मुझे चाहती।

2

न ख़यालात बदले–
न हालात बदले,
यह कमबख्त इंसान
बदलेगा क्यों कर?

वह नहीं मानता

हज़म करता है
खुशी-खुशी
वह मेरे
हिस्से की ज़मीन
सपनों का आसमान
उम्मीदों की भोर
समझ कर
बाप की जाग़ीर।
भर देता है
पोर-पोर में पीर
मजबूर अगर कर दो
तो देने को है अभी तैयार।
उसके स्वभाव में
नहीं है न्याय
संस्कार में नहीं है
समानता
तह मतलब के लिए
संविधान की शपथ लेता है
मानवता की दुहाई देता है
पर व्यवहार में
कोई कायदा
कोई कानून नहीं जानता॥
यूँ इंसान को

इंसान नहीं मानता॥
ख़ून को ख़ून नहीं मानता।
खुद इस्तेमाल
किये था तो
सँभाले भी था
मेरे हिस्से के
सुखो-सामान।
उसकी चाहत नहीं
कि कद्र हो धरोहर की
पर सुकूं था कि उसे देखता–
तो था जालिम॥
जब जाग मैं गया
तो धरोहर–
की माँग की।
लड़-लड़ के
झगड़-झगड़ के
पर उसने नेक
बात मान कर नहीं दी।

और मेरी अमानत
की सूरत बिगाड़ दी।
बगिया में पेड़ फूल
लगाता रहा माली
खुशबू, फलों पै कौन
इधर हो गया काबिज़?
पिछली तमाम
पीढ़ियाँ
पतझर में मर मिटीं
मैं जानिबे बहार
तो बगिया उजाड़ दी।
स्कूल हुए बन्द
अस्पताल मर रहे।

मैं था कवि कि
गम मेरे

भीतर उतर गये॥
वे कौन हैं जो
जन कल्याणी राज
लाने की कोशिशों में
लगे रहते हैं
और ये कौन
हैं जो प्लानिंग
ही फेल कर देते हैं।
वे प्यार के नाम पर
कब्ज़ा करते हैं, दिलों पर
तो ये प्यार का
इस्तेमाल करना छोड़ देते हैं।
वे खाद्य वस्तुओं में
मिलावट कराते हैं
तो ये बिना तेल की सब्ज़ी खाते हैं।
तब हार कर उन्हें
राम-बाण चलाना पड़ता है
सीधा गेहूँ चावल और
चीनी को आसमान पर चढ़ाते हैं
देखें अब,
ये आम लोग—
कहाँ निकल कर जाते हैं?

जब सख्त ज़रूरत थी उसकी
हालात मुआफिक तब न हुए
अब वक़्त ने थोड़ा साथ दिया
तब ये भी खासमखास हुए।

साहित्य में देश

साहित्य में
देश की
सम्प्रभुता
का सवाल
देश की
स्वतन्त्रता
अक्षुणयता
का सवाल
आत्मनिर्भरता और
स्वाभिमान
का सवाल
देश की मुक्ति और
प्रगति का सवाल
देश की
गरिमा और
एकता का सवाल
सांस्कृतिक
विविधताओं के
फलने-फूलने का सवाल
जब उठता है, दब जाता है
मच जाता है बवाल।

सहनशीलता

दलितों को ठगने में,
छलने में माहिर जो
सपनों को दफनाकर
आका, नियन्ता बन
राज भोग करता है।
आपस में फूट लिए
दलित रोज़ मरता है।
चोरों-लुटेरों से–
शाह बहुत डरता है।
जात और पाँत लिए
भीतर से घात लिए
शब्द भर शराफत में
बेशुमार कटुता है।

टैगोर

कबीर की सौ कविताएँ
रैदास के
शब्दों का सारा ज्ञान
संगीत की साधना
गीतांजलि का
अद्‌भुत अवदान
सब एक ओर
सब बेमतलब
यदि मानव
को अछूत करने पर
हुआ न व्याकुल गान।
न्याय की ओर–
गया नहीं ध्यान।
जिसके लिए
नवाजा जाता
उसे दिया अज्ञान।
वह स्वीकारोक्ति ठाकुर का
वह अनमोल बयान
कि "मैं जिन–,
अछूतों के आँगन तक नहीं जा सका,
उनके घर भीतर की बात कैसे जान पाता
बिन समझे, बिन जाने क्या कहता-क्या गाता?"
वही सत्य

वेदना वही
वही टैगोर के संगीत का सरगम है।
वह हिकारत
की बू और राहत का स्वर है
सामाजिक ज़ख़्मों
का अचूक मरहम है
बेज़ुबान की ज़ुबां है
बेदम का दम है
एक अछूत-भारत की
टैगोर के लिए दुआ
किस श्रद्धांजलि से कम है।

गुरु गुड़ चेला शक्कर

हृष्ट-पुष्ट-
हट्टा-कट्टा सा
घर-गृहस्थी से
तंग आदमी
रहा सोचता
और सोच कर
इस अंजाम पै पहुँचा।
सब निस्सार है
मिथ्या सृष्टि
जनम-जनम की–
उद्धारक है केवल भक्ति।
अस्तु अन्ततः
चेला बनने
साधू धाम पै पहुँचा।
शरणागत–
के लिए कृपलुआ,
बाबा ठलुआ
चेला ठलुआ
चले सेठ 'श्री'
से भंडारे
बाबा-चेला
गटकें हलुआ।
देख

कल्पनातीत व्यवस्था
दंग रह गया मन का मलुआ।
बाबा के
मोटे-मोटे
उपदेश रट लिए
षट् रस–
व्यंजन
भोग लगाये
लाल हो गये तलवा-तलुआ
सब अभाव
भर गये
व्यवस्था
नया रूप
लायी तन-मन में
कमी एक थी
हुई पुनर्जीवित जीवन में
प्रिया स्मृति–
व्यग्र कर रही।
काम-अग्नि
बढ़ रही
हृदय में–
द्वन्द्व भर रही।
'आश्रम छोड़ूँ
सुख छूटेगा।
प्रिया लाऊँ
गुरु रूठेगा।'
कुछ दिन चलता रहा
एक दिन
किंकर्त्तव्यविमूढ़
हो गया।
इच्छा लेकर जिधर गयी
उस ओर वह गया।
गोया गहरी

नींद खुली हो।
पत्नी देखी–
सम्मुख तो
वह चकित रह गया।
ना कोई अपराध-बोध
ना क्षमा याचना
बोला–
प्रिये तेरा कन्त
देख ले सन्त हो गया।
मैं त्यागी था–
पर मुझ पर
प्रिये तेरा तो
अधिकार रहा है
चल तू जैसे
सीता
रामचन्द्र के पीछे।
अथवा शिक्षा–
ले सकती है
वन-वन–
भटकी पांचाली से।
हाँ में निर्णय हुआ अन्ततः
दोनों सन्ताश्रम पर आये
आग बबूला
गुरु हुआ
चेला–विनम्र था
नर्क उठा–
लाया, आश्रम में
धिक तूने तो
अनर्थ कर दिया।
सारा जप-तप–
व्यर्थ कर लिया।
चेला बोला–
''गुरु मैं इसे

रखूँगा जैसे,
'कामरेड'
जाति को रखकर
उसमें
लिप्त नहीं होते हैं।
अथवा जैसे न्यासी
धन के–
संरक्षक होते हैं बेशक
पर आसक्त नहीं होते हैं।
गुरु मैं इसे
रखूँगा वैसे।"

गुरु बोला–
"वर्षों शीर्षासन मुद्रा में,
खड़ा किया अभ्यास क़राया
महा-नर्क का
द्वार है नारी
मन्त्र जाप की तरह रटाया।
नव-अखण्ड
ब्रह्मचारी हो तू
कैसा पावन मार्ग दिखाया।
पर तूने तो व्यर्थ कर दिया–
'चालीसा' भी।
स्त्री पथ पर्याय पाप का,
घर चिन्ता का।
मूरख तूने साथ
लिया फिर भी
त्रिया का
अब यह तेरे
पास रहेगी,
कपट-कटारी
कष्ट दायिनी

दुख ही देगी।"
चेला बोला–
"गुरुवर इसे छोड़ आऊँगा।
अबकी यह बरसात–
काट लेने दो इसको।
मैं प्रस्तुत हूँ–
और इसे भी
अपने लिए सेविका मानो।"
होठों से ना-ना की–
आग उगलने वाला
सेवा की सुन बात
लार टपकी साधू की
"नहीं मानता है तो चल–
देखा जायेगा।"
अन्तर्मन में द्वन्द्व
शुरू हो गया उसी क्षण
जिसे टालता रहा
शिष्य संगति से अब तक।
वही बला आ गयी आज मेरे ही सिर पर।
अब क्या मेरा नाश निकट आने वाला है?
अब तक का
तप-ध्यान व्यर्थ जाने वाला है?
छोड़ आत्मालाप–
सन्धि कर गया समय से।
धीरे-धीरे
क्रोधाग्नि बुझ गयी हृदय से।
जैसे घना वृक्ष
हो लू में
वैसे ही
साधू की छाया।
महिला ने–
पति सुख भी पाया।

यूँ ही चला सिलसिला
कुछ दिन—

शिष्य हृदय निर्द्वन्द्व—
देह-स्फूर्ति आ रही।
गुरु की स्त्री विषयक
चिन्ता उसे खा रही।
आती-जाती
इधर-उधर घूमती स्त्री
साधु का संयम विचलाती
कभी कल्पना आती मन में
ये क्षण काहे वदे विधाता ने जीवन में?
कभी सोचता—
मेरे युग की शकुन्तला है।
मैं हूँ कण्व—
मुझे गुरु के संग पिता कहेगी।
कभी सोचता—
नहीं-नहीं यह
स्त्री नहीं सामान्य
स्वर्ग की रूपवती अप्सरा बनेगी।
कभी सोचता
पाप यौन होती है नारी—
इससे तो बच कर रहना है।
वरना,
नष्ट-भ्रष्ट कर देगी।
सारा ज्ञान-ध्यान जप-पूजा।
रिक्त करेगी—
वर्षों का अर्जित,
ऋषित्व का कोष समूचा।
नहीं-नहीं यह
पूज्य देवियों-सी लगती है।
इसके बावत
मन में किंचित

कलुषित भाव नहीं लाऊँगा।
धिक ऐसा विचार ही
क्यों मेरे मन आया।
प्रायश्चित्त करने लगा
त्याग जल
अन्न न खाया।
दोषी वह जो–
आश्रम में स्त्री को लाया।
ब्रह्मचारियों के पास–
काम कामिन का क्या है?
मूरख चेले
छोड़ इसे
अब मत कर तू
नारी का पीछा।
वरना व्यर्थ जायेगा तेरा
ज्ञानं ध्यान–गुरुओं की शिक्षा।
गुरु तमतमा उठा, कुटी से–
हाथ पकड़ बाहर ले आया
बैठ पहाड़ी की चोटी पर
उसने चेले को समझाया–
तुझे आत्म-कल्याण चाहिए–
तो सुन मेरी।
आसक्ति की,
वस्तु नहीं है–
स्त्री तेरी॥
शनैः शनैः
विमुक्त होने का
तू उपक्रम कर।
अर्धरात्रि पश्चात्
स्नान कर
जप-तप व्रत कर।
गंगा तट पर बैठ
ध्यान प्रभु में विलीन कर।

वरना
वह रख लेगी तेरा
चैन छीन कर।

दुनिया को विसार
असीम के गुण गाया कर
इससे
बन्धन मुक्ति की
शक्ति आयेगी।
निश्चित होगा
भाग्य भक्ति भी
तेरी व्यर्थ नहीं जायेगी।

राम-राम
वह स्त्री का क्या—
काम साधुओं के जीवन में।
बीती पूरी रात
जागता अपलक रहा—
विचार मन्थन में।
स्त्रियोन्मुख—
चिन्तन, व्यवहार तिमिरगामी है।
स्त्रियोचित—
इंसान महाक्रोधी, कामी है।
ऋषियों का
तो बंटाढार किया नारी ने।
ऋषि पारारिख
बैठ नाव में
मंछोदर से प्रेम रचाए
पर उस अनब्याही
माता ने—
कविवर व्यास किये थे पैदा।
यही प्रश्न था उनके
लिए परेशानी का
कुन्ती ने भी

कुँवारेपन में
सूत-पुत्र को जन्म दिया था।
अस्तु साधू
विश्वास
नहीं करते, त्रिया का।
तेरी स्त्री तो
विषयों में लिप्त रही है।
कैसे छोड़ेगी, जो
चिर आसक्त रही है।
शिष्य उपेक्षाओं से
आखिर तंग आ गया।
गुरु का देख नकार
कि माथा तन-तना गया।
गुरुवर तुम ने
मुझे यहाँ तक
क्यों पहुँचाया?
क्यों कर यह सब
शिष्यों के ही हिस्से आया।
'बिल' में हाथ
डालना केवल शिष्य करम है?
गुरु केवल मन्तर पढ़ता है,
यही सत्य का महामरम है?
शास्त्रार्थ-दर-शास्त्रार्थ-जारी-रोजाना
गुरु हो गया उदार
शिष्य का कष्ट—
दूर हो गया पुराना॥
यह सब
चलता रहा
एक दिन उपक्रम
इस अंजाम पै पहुँचा।
खबर है
'पता' नहीं अब
पावन गुरु पापिन स्त्री का॥

लड़की मेरी जात की

शहर की सबसे
सुन्दर लड़की
वह भी
अपनी जात की
दिन का
चैन चुराया
उसने
नींद चुरा
ली रात की॥
वर्षों–
उसको दूर से देखा
वर्षों
उसकी चाह की
प्यास में पानी
ज़ख़्म में मरहम
ऐसी
एक निगाह थी।
नज़र की भाषा
नज़र न समझी
न दिल से–
दिल की बात की।
शहर की सबसे
सुन्दर लड़की

वह भी अपनी जात की।
दिन का चैन
चुराया उसने
नींद चुरा ली रात की॥
बाप गरीब–
महा सज्जन था।
तब वो बेरोज़गार था।
अर्थाभाव
की बलि चढ़ गया
संचित–
सपना प्यार का।
आते-आते
कभी न आयी
नौबत फिर बारात की।
शहर की सबसे
सुन्दर लड़की
वह भी अपनी जात की।
अब अपने
बच्चों की माँ है
मत पूछो कि कहाँ है वो
भरी जवानी
में बुढ़िया सी
ज्यों बुझ गयी
शमां है वो
कड़ुवे दुख–
मीठी यादें हैं
बुरी मार हालात की।
शहर की सबसे
सुन्दर लड़की
वह भी अपनी जात की।
ठंडी आग
शर्म का पानी

मरियम की प्रतिमा है वो
जीत गयी
रिश्तों की बिजनेस
हार हुई जज़्बात की।
शहर की सबसे
सुन्दर लड़की
वह भी अपनी जात की॥
ख़्वाब लुटा–
ख़ामोश खड़ा है।
गम से लबालब–
भरा पड़ा है।
उससे सब–
नाफिक्रे हों, वह
फ़िक्र करे कायनात की।
शहर की सबसे
सुन्दर लड़की
वह भी अपनी जात की॥

लगता ज़िन्दा पर मरा हुआ

1

अस्पताल में मरी पत्नी की लाश को
गठरी में बाँध, सिर पर रख बारह कि. मी.
चला था दीना माझी, उसकी यात्रा का दृश्य देखकर
क्या तुम ने खाया था पेट भर–
क्या तुम सोये थे नींद भर?

2

युगों-युगों की सहनशीलता,
औ' संयम से भरा हुआ।
भारत का यह कौन वर्ग,
लगता ज़िन्दा पर मरा हुआ।

आग छीन ली है चूल्हे की
दाल-भात हांडी का भी
सिर से छत ग़ायब कर दी है
तन से कपड़ा लत्ता भी।

यह भारत का मूल निवासी
दलित अछूत कहा बनवासी
अपने ही घर में अपराधी सा
रहता है क्यों डरा हुआ?
भारत का यह कौन वर्ग है–
लगता ज़िन्दा पर मरा हुआ।

अपढ़ की तड़प

काश आज मैं शिक्षित होती
उनको 'प्रेम-पत्र' लिख देती।
अटकी है जो व्यथा कंठ में
काग़ज़ पर अंकित कर देती॥
आग लगे उस नन्दन वन में
जिसमें मन का फूल नहीं है।
जीवन धारा सिर धुनती है
नैया है पर कूल नहीं है॥
बिकती ना तालीम मुल्क में
मैं भी द्वि आखर पढ़ लेती।
काश आज मैं शिक्षित होती...
उनको प्रेम पत्र लिख देती।
भूमिहीन कृषक की जाई—
जिसने सब की भूख मिटाई
सच्चे श्रम साधक के घर में
निर्धनता ने ली अँगड़ाई॥
सूख गयौ मधुमासी यौवन
जैसे सूखी बाप की खेती।
काश आज मैं शिक्षित होती...
उनको 'प्रेम-पत्र' लिख देती॥
जब-जब प्यार का मौसम आये
रह-रह पिय की याद सताये।

मौत भली विरहिन जीवन से
मो गति पिय को कौन बताये॥
प्रान अमानत हैं सजना के
वरना, गरल-पान कर लेती।
काश आज मैं शिक्षित होती
उनको प्रेम-पत्र लिख देती॥

(सा. रंगील टाइम्स, चन्दौसी से)

सपने

आज कल–
सपने भयावह, आ रहे हैं।
आप बीती-
पूर्वज समझा रहे हैं।
वर्ण-भेदी
विगत का वह
स्याह पन्ना
खोल कर पढ़वा रहे हैं।
आर्यों के हमलों में
म्हारे राज छिन गये।
कुछ गद्दार थे–
जो उनसे मिल गये।
पेशवाओं ने सितम की
इन्तहां की थी–
हम बहिष्कृत कर दिये
निज घर-ज़मीनों से
हूण आये–
कुषाण आये
मुग़लों ने भी
मौके पाये
हमारे घरों ज़मीनों पर,
अँग्रेज़ों के आते-आते
हमारे घरों के माल-मत्ते

सछूत साधिकार उठा ले गये।
अँग्रेज़ों ने चुपचाप
छूत में अछूत में–
ऊँच और नीच में
वर्ण और जात में
लड़ते बँटते और झगड़ते देखा।
अछूत रहते
बहिष्कार सहते
भारत में
ख़ामोश
महाभारत को देखा।
और जब वे स्वराज सौंप कर गये
सबने तरक्की की, पर
हमारे घर झुग्गी-
झोंपड़ियों में बदल गये।
वे हुए हमारे
शोषक-शासक
और हम शोषित
शासित बन गये।
आज़ाद होते ही दबंग–
खूँख्वार हो गये।
गोरों, मुग़लों
के जुल्म सितम तो पीछे रह गये।
आज हमारे
थोड़े-बहुत
स्वराज के सपने
मरे-मरे से
हो गये तमाम हैं।
देश के सेवक हमीं हैं–
हम वतन-आवाम हैं।
अब हम नये गुलाम बने हैं।

अपनी भूमि
अपने आवास
चल-अचल सम्पदा
विधा-ज्ञान
सब कुछ खो चुके हैं।
और निरन्तर
बद से बदतर हाल हो रहे हैं।
मुर्दा मवेशी खींचते हैं
झाड़ू-पोंछा करते हैं
मैला उठाने को पाँच
सौ फीसदी आरक्षित हैं।
हमारे सांसारिक सपने तक
दबंग सवर्णों ने
कब्ज़ा लिए हैं
हम ऐड़ी से चोटी तक
अघोषित
गुलाम और
वास्तविक
सर्वहारा
बना दिये हैं।

रजनी

इस छब्बीस
जनवरी के दिन
रजनी घर पर आयी थी।
आँखों में था दर्द और
होठों पै व्यथा ले आयी थी।
"झुग्गी आज उठा कर मेरी
बिल्डर ने फिंकवा दी है
चार जगह फ़ुटपाथ बुहारे
कहीं न कोई जगह दी है।
कितनी ठंडी हवा आज है–
उस पर बूँदा-बाँदी है।
बच्चे लेकर कहाँ रहूँ मैं
मुझको क्या आज़ादी है?"
उसका हाल देख कर,
सुन कर
मेरा मन बेचैन हुआ।
उसकी मदद–
करूँ तो कैसे
लोग करोड़ों
हैं उस जैसे
मैंने उसे
दिलासा भर दी
क्यों कर उसको भायी थी

इस छब्बीस
जनवरी के दिन
रजनी घर पर आयी थी।

(26 जनवरी, 2016)

चमार की चाय

1

वह बालक
मुर्दा लवारा उठाने गया
किसी ने नहीं रोका
बूट पालिश करने
फ़ुटपाथ पर बैठ गया
किसी ने एतराज़ नहीं किया
वह मासूम
होटल पर बर्तन धोने लगा
किसी ने उसके
पढ़ने का इन्तजाम नहीं किया
वह अनाथ
घर-घर भवनों-फ़्लैटों में
फेंकता फिरा पत्र-पत्रिकाएँ
किसी ने नहीं पूछा कि
'बेटा तुम कभी अख़बार पढ़ते भी हो?'
कड़कती धूप में
कन्धे पर टोकरा रखकर
वह बेचता फिरा नीबू अंडे केला
और बचपन का सफ़र–
तय करता रहा अकेला।
समर्थ हुआ तो

कृषि मज़दूर बनकर
पहुँच गया वाजपुर नैनीताल
गाँव लौटा तो वे सब
श्रमिक कर रहे थे उसका इन्तज़ार
बावजूद इन सबके
उसने अक्षरों से किया प्यार
बेशुमार।
उसके भीतर थे—
रैदास, चोखामेला और नन्दनार।

2

तो अक्षरों ने भी सँभाला उसे,
दूर से देर से—
दिखलाया उजाला उसे
पर जब वह
बूढ़े की लाठी की तरह
पकड़कर निकला अक्षर
छोड़कर गाँव-घर
तब हो गया बेरोज़गार
भूख ने उसे
पढ़ने से रोका बार-बार॥
उसका एक
दलित मित्र हुआ थोड़ा मददगार।
अपने साले की
खाली पड़ी दुकान उसे दे दी
कहा—'तुम्हें मैं
एक स्टोव और देता हूँ
चाय भगोने का—
इन्तजाम भी किये देता हूँ।
बाकी तुम—
बनाओ चाय
बेचो और पढ़ो।

पास ही है कॉलेज
पीरियड अटेंड करना हो तो
दुकान बन्द कर दो
कालेज से आकर
बनाओ चाय और बेचो
कमाओ और अपना जेब ख़र्च चलाओ।
सो उसने यह—
उद्यम भी आरम्भ किया
कुछ दिन में
उसका काम चल लिया
एक दिन एक ओबीसी मित्र आया
उसकी दुकान का दरवाज़ा
बन्द देखा
और उसके दरवाज़े पर
लिख कर चला गया—
कि यहाँ 'चमार की चाय मिलती है।'
फिर क्या था
'चमार की चाय'
पीना तो दूर
छुई भी नहीं जा सकी।
पिछड़े-अगड़े
ब्राह्मण बनिये
सबने कर दिया बहिष्कार।
और फिर
चाय भी नहीं बेच सका दलित बेरोज़गार।
ग्राहक बचे भंगी-चमार
उनको बर्दाश्त नहीं था ऐसा अपमान तिरस्कार।
सो अब जब माननीय
प्रधानमन्त्री मोदी जी
ओबामा को—
अपना बचपन बताते हैं
घर-घर बर्तन धोती

काम वाली बनी अपनी माँ का
ज़िक्र कर आँखों में
आँसू भर लाते हैं।
दृश्य और प्रिंट
मीडिया
वृद्धा माँ को फोकस में लाते हैं।
तब मुझे याद आने लगती
है अपनी दिवंगत माँ
जिसका गरीबी, अस्पृश्यता
और भूख ने तिल-तिल कर
कर दिया था खात्मा
वे जब भी चाय
बेचने की बात करते हैं
वे अमरीका में
अश्वेत नायक
बाराक हुसैन
ओबामा से मिलने से
पहले
अपनी माँ की
मजबूरी का ज़िक्र
रो-रोकर करते हैं
कि वे पास पड़ोस
में झाड़ू पोछा बर्तन
धोने का काम
किया करती थीं
मेरी स्मृति में
वे हालात
अखरते हैं।
हालाँकि वे–
कहाँ हैं और मैं कहाँ हूँ
फिर भी कवि होने के नाते मैं
प्रधानमन्त्री जी के हालातों से
अपने हालातों की तुलना कर लेता हूँ।

बुरा किया बँटवारों ने

1

कोई कहता है
बँटवारा जन्म के आधार पर सही था।
कोई कहता है–
बँटवारा कर्म के आधार पर होना चाहिए था।
कोई कहता है–
लोग मलिन काम करते थे
इसलिए घृणित थे, अस्पृश्य थे।
कोई कहता है–
तन से घृणा करो, मन से नहीं।
कोई कहता है–
जातिभेद को दूर करो वर्णभेद को नहीं।
कोई कहता है–
मनु के रोग का बुद्ध ने इलाज कर दिया।
कोई कहता है–
संघ की शरण में जाते ही वर्ण का अन्त हो गया।
बुद्ध कहते थे–
संघ में स्त्रियों का प्रवेश वर्जित है।
संघ में स्त्रियों को लाया जायेगा–
तो संघ जल्दी मर जायेगा।

2

क्या भगवान बुद्ध को–
जाति बहिष्कार का अनुभव हुआ था?
किसी ने अस्पृश्य–
बनाया था भगवान बुद्ध को?
जूठन खाने को
खाने की पंगत से
दूर बिठाया था
भगवान बुद्ध को?
यदि नहीं तो क्या वे–
अपने समय के भंगी चमार–
धोबी कुम्हार का–
जीवन वृत्त जानते थे?
जो नहीं जानते थे
कि मनुष्य क्यों
जर्जर और वृद्ध
हो जाता है?
राजा हो या रंक
मृत्यु पर कोई
विजय नहीं पाता है।
क्या कोई–
स्वानुभूति या सहानुभूति थी–
अस्पृश्यों से?
क्या कर्जदार दासों को
संघ से खदेड़ कर वापस नहीं किया था भगवान बुद्ध ने?
कि जाओ पहले महाजनों–
सूदखोरों का कर्जा उतारो तब संघ में फिर आओ।
कौन थे वे कर्जदार–
क्या ब्राह्मण थे वे, क्या क्षत्रिय थे?
क्या वैश्य थे वे?

क्या वे हमारे पुरखे नहीं थे—मजबूर लाचार
और कर्जा क्या था, एक सेर अन्न
और सात पीढ़ियों की बेगार।
इसीलिए बुद्ध की शरण में
जाना परेशान करता है मुझे बार-बार।।
इसलिए बाबा साहब की
सब शिक्षाएँ शिरोधार्य हैं
पर बुद्ध की शरण में जाना
उचित है या अनुचित
मेरे रैदास, मेरे कबीर
मेरे अछूतानन्द मेरी स्मृतियों में आना, मुझे समझाना।।
और ब्राह्मण स्त्री से
अछूत नायक के विवाह का
अनुकरण करना लगता है बेकार।
क्या इससे टूट सकी है जाति भेद की दीवार?

3

जब आये थे
हूण
हिन्दुस्तान में
हम नहीं थे।
जब आये कुषाण
हिन्दुस्तान में—
हम तब भी नहीं थे।
मुग़ल आये—
ब्रिटिश आये—
व्यवस्था देख कर
बहुत हर्षाये कि
इस देश का
दलित आदिवासी
आदि—निवासी
वंचित है, अछूत है

विद्या विहीना है।
उसका घर-ज़मीन
ठगा है, छीना है।
वर्णभेद कर उसे—
बस्ती के बाहर कर दिया है।
सेवार्थ उसका
भरपूर इस्तेमाल किया है।
सब उसका
श्रम लेते हैं
वह किसी से—
कुछ नहीं लेता है।
वह बेगारी है, बँधुआ है
उस संग—
अन्याय हुआ है।
उसका मेहनताना भी
कोई नहीं देता है।
क्षत्रिय यदि बीमार है
फिर भी युद्ध के लिए
तत्पर साधिकार है
ब्राह्मण जन्मना—
मन्दबुद्धि है—
फिर भी ज्ञानार्जन
का उपक्रम वही करेगा
वैश्य जमाखोर है—
मुनाफा-चोर है
पर व्यापार वही करेगा।
और आदि हिन्दू-दलित
काया से स्वस्थ है
मानस उसका विलक्षण है
ईमानदारी देशप्रेम
उसके खून में है
फिर भी वह

कुछ नहीं कर सकता।
क्योंकि वह
बहिष्कृत है
अछूत है॥
जबकि सामाजिक
प्रगति का
वही एक स्तम्भ है–
वही भोर का
भरोसा है
समता का,
मुक्ति का
स्नेह का
समृद्धि के
आगत का दूत है॥

मिशेल ओबामा

दुनिया की
सर्व-सुन्दर
ब्लैक ब्यूटी
बैठी–
देख रही थी
गणतन्त्र
की परेड
कम्पनी
देने के लिए
भारत से
न थी कोई
नायिका
बिजली तो
उन पर टूटी
जो गोरी चमड़ी
पर गुरूर करती हैं
'चोटियाँ कलाइया'
वे चमड़ी
चमकाने के लिए
महँगी क्रीम मलती हैं
त्वचा छिलवाती हैं
रंगभेद की
हीन भावना में जीती हैं।

दक्षिण भारत की
साँवली नायिकाएँ
नकली गोरापन
ओढ़ कर ही
सिनेमा में
स्वीकृत होती हैं।
मिशेल की
मिशाल नहीं मिलती।
जब ओबामा
उनका
परिचय देते हुए
कहते हैं कि–
गुलामों के परिवार
से आती हैं मिशेल
मेरे ग्रांड पा
थे रसोइये
केन्या में अँग्रेज़ों के॥
और तब
दुनिया के दलित
भारत के अछूत
उनसे
नज़दीकी
अनुभव कर लेते हैं॥
कि वे
डायवर्सिटी की देन से–
आसमान
बन कर भारत की धरती पर खड़े हैं।
और हम
सामाजिक न्याय
दलित कल्याण और
आरक्षण के बावजूद
ज़िन्दा लाशों की मानिन्द ज़मीन में गढ़े हैं?

(26 जनवरी, 2015)

राजेन्द्र यादव

दरियागंज
जा रहे हो तो
'हंस' के दफ़्तर जाना जी
यादव जी से
मिलना उनको
दिल की बात बताना जी
एक कहानी
मेरी भी है
कान में कह कर आना जी।
कथाकार हैं,
सम्पादक हैं–
सोच के मत डर जाना जी।
कविताएँ मर गयीं–
कथा ही शेष बची है बोलेंगे।
और दलित स्त्री–
विमर्श पर छेड़ के प्रतिक्रिया लेंगे।
विवाह संस्था–
विषयक उनकी बातों में मत आना जी।
दरियागंज–
जा रहे हो तो,
'हँस' के दफ़्तर जाना जी॥

नये साल पर

क्या दिन
कैसे साल
लग रहा—
सदियाँ ठहर गयी हैं।
दलितों को युग-युग
स्थितियाँ बर्बर बनी रही हैं।
ऋषि-मुनि नायक
अधिनायक सब
आ कर चले गये हैं।
बदल नहीं कुछ गये—
समूची जड़ता छोड़ गये हैं।
छोड़ गये हैं
भेद-भाव
घृणा-विद्वेष पसार गये हैं
सेवा, समता-मनुष्यता के
सपनों को भी मार गये हैं।
बना दिये विकलांग
ज्ञान के संबल छीन लिए हैं।
आज़ादी मिल गयी—
गुलामी का हम ज़हर पिये हैं।
सेवा में निर्मग्न
नतीजा हम अस्पृश्य बनाये।
विश्व चाँद पर गया

दलित दिल्ली तक पहुँच न पाये।
खाक हुए बदलाव
दलित की बदहाली कायम है।
मुक्ति नहीं मिलती
याचक को यह भी सही नियम है।
दमन दलन धोखे
फरेब के अनगिन जाल बिछे हैं।
तार-तार टूटेंगे यदि
हम मिलजुल जाग उठे हैं।
बीज विचारों के
हम बो दें
काटेगी नव पीढ़ी।
समता की मंज़िल
पहुँचे
चढ़ लोकतन्त्र की सीढ़ी।
हम विध्वंसक नहीं
नहीं हम निजता के विद्रोही।
हम सर्जक हैं
हम निर्माता, नम्र न हम सा कोई।
वर्तमान रो रहा
और कल हँसता हुआ कहाँ है?
सच कहते हैं आप
ब्राह्मण दुख बोता आया है।
प्रायश्चित्त भी वह
करे कौन एहसास करा पाया है?
ज्ञान तन्त्र
उसकी माया है
लोकतन्त्र सरमाया
दुख दलितों के भाग
समूचा सुख उसने कब्ज़ाया
आरक्षण क्रीमीलेयर पर–
परामर्श देता है।
शिक्षा, मन्दिर, वित्त मीडिया कब्ज़ाए रहता है॥

नीच नहीं अलग जाति हैं हम

वे शिक्षा, सभ्यता
और संघर्षरत
दासता के प्रति
जैसे नीच प्रवृत्ति हैं।
वैसी निम्नजाति या
निम्न वर्ण नहीं हैं हम।
ऊँच-नीच कुछ नहीं—
अलग जाति हैं हम।
बेशक
हम वंचित हैं
हम अभाव ग्रस्त हैं
अन्याय त्रस्त
अधिकार हीन
तो इन सब का मतलब
कोई, किसी तरह—
का नीच होना नहीं है।
हाँ, हम पृथक ज़रूर हैं,
आप-हम परस्पर अन्य हैं।
हम रैदास के
निर्वर्ण सम्प्रदाय के लोग हैं।
जैसे मुसलमान
के लिए हिन्दू
जैसे ईसाई के लिए सनातनी।

सिख, जैनी और बौद्ध
वैसे ही सबके लिए
हम और हमारे लिए सब अलग हैं।
तो
हमारा-तुम्हारा रिश्ता
सहअस्तित्व के
आधार पर
इन्सानी
बराबरी का होना है।
वरना तर्के-ताल्लुक
आप हमारे पास न आयें॥
धरती पर आयी,
कुदरत की अनमोल देन
मानव कृति
उसका
क्या गोरा क्या काला
क्या ब्राह्मण, क्या शूद्र
क्या सछूत क्या अछूत
सब में समाया है कुदरत का रूप।
सब को चाहिए बराबरी का भाव।
सब को चाहिए
भेद-भाव के–
पतझर का अन्त।
फूल लाल रंग का हो
या सफ़ेद रंग का
सभी को चाहिए
अपने-अपने
हिस्से का वसन्त।
इसीलिए
करना है घृणा को दूर
विद्वेष और असमानता का अन्त॥

उठो

तुम उठो,
ऊँचे उठो–
आगे बढ़ो
कला में,
विज्ञान में,
सोच में–
साहित्य में।
कीर्तिमान स्थापित करो–
अवसरों और हकों के लिए।
लड़ते-झगड़ते हुए–
दुख-दारिद्रय का अन्त करो।
कुछ नहीं करोगे तो
देश कभी
ब्रिटेन, अमेरिका की तरह–
विकसित नहीं हो पायेगा।
तुम संघर्ष नहीं करोगे तो
देश के दुश्मन तुम से
घृणा और जलन का
अपना द्वेष-भाव
पूरा करते-करते
प्रेम और भाईचारे की
डुबा ही देंगे नैया।
दलित औ, मुस्लिम

डूब जायेंगे—
भंगी पासी का सूअर
खटिक का बकरा
पाल की भेड़ और
अहीर की कटिया
सब समाप्त हो जायेंगे।
बचेगी केवल गैया
और यदि आप
नहीं हैं ब्राह्मण तो
गैया की
पूँछ पकड़ कर
गंगोत्री पार नहीं कर सकते भैया।
देश की सम्प्रभुता पर
सवालिया निशान
लगवा देंगे
दुर्लभ कर देंगे
गुणकारी शिक्षा
बढ़ने नहीं देंगे
स्किल, कार्यकुशलता
संस्थाएँ कर देंगे व्यक्तिगत।
तब सब को
समान अवसर कैसे
और कहाँ से देंगे?
कुल मिला कर
आज़ादी गँवा देंगे।
अवसरों की
गैर बराबरी पर हल्ला बोलो।
कहो कि—
अँग्रेज़ी स्कूलों में
सेठों-साहूकारों
व्यापारियों के साथ
किसानों

भूमिहीन-मज़दूरों
दलितों अछूतों के
पिछड़ों-अतिपिछड़ों के
आदिवासियों के
बच्चों को जगह दो,
चाहो तो मन्दिर बन्द रखो।
परन्तु स्कूलों
के दरवाज़े खोलो।
वे नहीं खोलते तो
एक साथ मिलकर
व्यक्तिवादियों के
लूट के ठिकानों पर
हल्ला बोलो।
उन्हें समता के
संवैधानिक
कानून के दायरों
में लाओ
विद्या ही
है असली—
आज़ादी।
विद्या ही देवी है
विद्या ही सुख है
विद्या ही खुदा है
विद्या ही बुद्ध है
विद्या की शरण में जाइये।
तुम्हारा स्वराज
तुम्हारा सम्मान
तुम्हारे मानवाधिकार
सब के सब
कर रहे हैं इन्तज़ार
पर विद्या के बिना
खुलेगा नहीं कोई द्वार॥

न रहेगा बाँस न बजेगी बाँसुरी।

1

प्रतिनिधित्व, भागीदारी
आरक्षित वह पद सरकारी
अवसर की समानता माँगे
विधि-विधान के बाँस से निकली
यह बाँसुरी बहुत बजती है
निजीकरण कर बाँस मिटा दें—
नहीं रहेगा बाँस बाँसुरी
फिर देखें किस तरह बजा दें?

2

हाथ-पाँव काट कर
आँखें फोड़ कर
दिन दहाड़े
घरों में लगाकर आग
ज़िन्दा बच्चों को भूनकर
मानवता का खून कर
मुँह खोलते ही
गोली दाग कर
प्राणों से आज़ाद
कर दिया दलित को।
और हल्ला कि—

इनका तो उत्थान हो गया।
इन्हें आरक्षण मत दो।
सरकारी संसाधन–
प्राइवेट कर दो।
इन्हें मत धन धरती और घर दो
और निजी क्षेत्र का स्वामित्व
भागीदारी से स्वायत्त कर दो
मनुस्मृति को फिर ये चाहें
जलाएँ या गरियाएँ
आरक्षण दो सौ साल जारी रहने दो।
निजी क्षेत्रों में
स्वायत्त-आरक्षण मत दो
संविधान में निष्ठा दर्शाते रहो
और बाबा साहब अम्बेडकर की
जयन्ती पर गाल बजाते रहो॥
वायदों से
झूठ से
ठगी से
एक दिन वोट लो
और सालों साल लतियाते रहो॥

रोशनी

आलोक
उगलते दीपों में
यह खून हमारा जलता है
उस पर तुम्हें प्रकाश
तिमिर तो म्हारे—
स्वत्व निगलता है।
तिरस्कार की मार
दिलों पर सहने वाला
बना बहिष्कृत शान्त
अहिंसक रहने वाला।
तीरगी-पसन्दों को
वजूद भी खलता है?
आलोक—
उगलते दीपों में,
यह खून हमारा जलता है।

यह अँधियारा बहुत घना है

1

पिंजरा-मुक्त
पखेरू बन्दी
स्वतन्त्रता–
क्या विडम्बना है?
पहले भी तो
कम नहीं आये।
युगों रहे हैं
काले साये॥
मित्र-शत्रु
इन्सान-जानवर
गड्ड-मड्ड हो रहीं सूरतें
किसे कौन
पहचान सके अब–
यह अँधियारा
बहुत घना है॥
कैसी चली बयार
कि इसका
हर झोंका
हिंसक लगता है।
पंख झरे पर
यन्त्र लगा कर

उड़े पखेरू
दुखती बानी
बोल रहे हैं
दुःख, अभाव
अनुभव करता है
दिल है,
पत्थर नहीं बना है।
पिंजरा मुक्त
पखेरू बन्दी
स्वतन्त्रता–
क्या विडम्बना है?

2

उसने मुझे नहीं छुआ
शिकवा नहीं
उसकी मजबूरी है
उसके पास हृदय है कहाँ
क्योंकि मेरा स्पर्श
उँगलियों से नहीं
दिल से करना पड़ता–
दिमाग़ पर असर पड़ता।
जो खुराफ़ाती है
वह सभ्यता का गौरव नहीं है
हमारे भ्रमों का सफ़ेद हाथी है
वह चाह कर भी
मुझे छू नहीं सकता
क्योंकि, मैं अधिकार
चेता बेचैन आत्माओं का
सामूहिक-सुलगता लावा हूँ।
मैं उसकी
पहुँच से परे हूँ।
पकड़ से बाहर हूँ

मेरा नैतिक आदर्श—
कमा कर खाना है॥
शोषकों से निडर
सम्मान से जीना है
वक़्त पड़े तो देश कौम पर
मर-मिट जाना है।
कौम को भ्रम से बचाना है
निठल्ला न रह जाना है
मुर्दा विचारों के
फेर में न आना है।
यह जान
जाना कि
द्विजत्व
दे ही नहीं
सकते थे
दुनिया को
समता-पथ
पुरखे परास्त
किये छल से
शास्त्रों के बल से॥

ओबामा

छब्बीस जनवरी के हमारे मेहमान
आखिर कह कर गये
सर्वधर्म समभाव
विविधता का करना सम्मान
इसी से देश शक्ति सम्पन्न
भूलना मत, रखना यह ध्यान॥

संविधान
भारत का
एक दलित रचता है।
बावरची का पोता–
यह सामने खड़ा है
ये मिशेल–
दासों में से हैं।
परिवारी जन अभी दास हैं।
'चाय बेचने वाला'
भारत का प्रधानमन्त्री है।
लोकतन्त्र के
संविधान का चमत्कार है।
ओबामा–
का विचार है।

नतीजा

देश पिट गया–
विदेशियों से।
हिन्दी पिट–
गयी अँग्रेज़ी से।
साहित्य का–
मूल्य दो कौड़ी।
रोटी को मुँह–
देखा बना दिया
भारत का बुद्धिजीवी
क्योंकि–
तुमने भेदभाव की
वर्णव्यवस्था
साहित्य में
शिक्षा में, कला में
मीडिया में, खेल में
सब जगह, लागू की।
और संविधान
जिसकी शपथ लेकर श्रीमान्
बैठ जाते हैं–
हमारी छाती पर हमारे शासक बन कर।
उसकी सब तरह की
अस्पृश्यता के अन्त की घोषणा
आज तक सहज स्वीकार नहीं की?

दीपक जलाये तो

दीपक जलाये तो,
अँधेरों में बिठाये हम
सुमन बिछाये तो
करीलों पै चलाये हैं
देश में स्वतन्त्रता-सी
आवो-हवा है ही नहीं
कैसे हैं नियम नीति—
कैसी योजनाएँ हैं?
बेटी जो बना के बहू,
सास के पढ़ाई कल
बे दहेज देख—
श्मशान छोड़ आये हैं।
साहूकार कर्ज में,
कुड़क कर बायें घर
तब लगे सोलहवीं
सदी में लौट आये हैं।
देश का भविष्य
वर्तमान सब ख़तरे में
आँसुओं की हर एक
नयन में घटाएँ हैं
भान ही नहीं है उन्हें
ध्यान ही नहीं है उन्हें
क्यों भूखे लोग

कुर्सियों की–
डोलियाँ उठाये हैं।
परित्यक्ता-सी
जनता को छोड़ देने वाले
बार-बार देखे भाले
दूल्हा बनाये हैं।
नेता के कहे बगैर
रुपया दिये बगैर
काम तो मिलेगा नहीं।
नाम निकलेगा नहीं
रोज़गार दफ़्तर में
जो लिखवाये हैं।
थाने में बलात्कार
अबला का चीत्कार
जहाँ-जहाँ दीप रखे
वहाँ-वहाँ अन्धकार।
दलितों के दुख देख
ऐसा लगता है यहाँ
गोरे कछु नांए–
अब जुल्म सवाए हैं।
पुलिस, वकील, नेता
ग्रामीणन लूट रहे
अनपढ़ गरीबन पै
दुर्दिन आये हैं।
कुशल चिकित्सक
जा बसे विदेशन में
अंधिनु में काने
सरदार बच पाये हैं।
नकली चिकित्सक
असली रुपया लेत
जान से मरीजन
की छुट्टी करवाये हैं।

और हूँ भयावह
सपने हैं मत पूछ मीत
स्वयं देख–
अगली सदी के हेतु आये हैं।

मनु को मात

मनु एक भूत है—
डरावना भूत।
अनपढ़ बच्चों
और पर्दाकश महिलाओं को
यह भूत सरेआम
पकड़ता है और खा जाता है।
जिन घरों में
बेटियों को
पढ़ाया जाता है
यह भूत उन घरों में
नहीं पाया जाता है।
जिस घर में
बहू से पर्दा कराया जाता है
मनु उस घर में
पालथी मार कर
बैठ जाता है

जिन अछूतों को
इतिहास-बोध के साथ
नया संविधान
सिखाया जाता है
मनु सुनते ही
वहाँ से

नौ दो ग्यारह हो जाता है।
जिन दलितों के
घरों में साहित्य-संगीत में,
कला का वातावरण पाया जाता है।
मनु वहाँ अपने आपको
असहाय और निर्जीव
हुआ पाता है
जहाँ मिलती है
दलित की बेटी निरक्षर।
बेरोज़गार–
मनु उसका माथा
पकड़कर बैठ जाता है।
जिन के घरों में
कबीर की वाणी का पाठ होता है
और जिन्हें रैदास का–
निर्वर्णीय
संघर्ष ज्ञात रहता है
होठों से
दलित साहित्य का
ज़िक्र दिन-रात होता है
जहाँ रहता है
संविधान का संकल्प
वहाँ मनु का–
भूत नहीं रहता है।
जैसे ही दलित अपनी
आत्मकथा कहता है
मनु रफू-चक्कर हो लेता है और
जिन अछूतों के बच्चे
यूके या यूएसए में
पढ़ने जाते हैं
उनकी ज्ञात-अज्ञात
सब पीढ़ियों से

श्री-श्री...
मनु महाराज का नामोनिशान
मिट जाते हैं।
मनु गरियाने से नहीं
अपनी विद्या-बुद्धि बढ़ाने से मात खाता है॥

गीत लाया हूँ मैं

दोस्तो एक नया
गीत लाया हूँ मैं
गीत लाया हूँ मैं
गीत हिन्दी का है, गीत उर्दू का है।
दर्द के स्वर में है, किन्तु सरगम सा है
एक ही माँ की दो बेटियों की तरह
जैसे गंगा से जमुना का संगम है यह
चाहिए, आप भी आइये आप भी
गीत हिन्दू का है—
गीत मुस्लिम का है।
गीत बौद्धों का है—
गीत जैनों का है
गीत दलितों का है
आदिवासी का है
गीत भारत के
पहले निवासी का है।
ऊँच और नीच
दीवार ढाया हूँ मैं
गीत लाया हूँ मैं
गीत है तुच्छाओं
का कायल नहीं
यरवदा जेल में
प्राण गाँधी को दे

गीत अम्बेडकर
जैसे दानी-सा है
गीत दलितों के
अधिकार की चेतना
मैं इन्हीं में से हूँ
मैं इन्हीं का तो हूँ
स्वार्थपरता से
मुँह मोड़ आया हूँ मैं
गीत लाया हूँ मैं, गीत लाया हूँ मैं।
गीत वंचित जनों की
व्यथा वेदना
गीत माँ ने जो लोरी में गाया न था
बहन ने जन्म-दिन पर सुनाया न था
गीत इंसानी जज़्बा-पसन्दी का है।
गीत ख़्वाबों की दिलकश बुलन्दी का है।
गुँथ गयी फूल सी हार में ज़िन्दगी
कुछ समय मौत से माँग लाया हूँ मैं।
गीत लाया हूँ मैं, गीत लाया हूँ मैं।
गीत मौसम के रंग-ढंग बदलने-सा है
गीत दीपक अकेले में जलने-सा है।
गीत सुख-दुख में संयम बनाने-सा है
गीत सपनों में आज़ादी पाने-सा है
गीत है एकता, मेल का प्यार का
गीत चौपाल का खेत खलियान का
गीत रिश्ता ज्यों इंसा से इंसान का
यूँ गमे जंग को जीत आया हूँ मैं
गीत लाया हूँ मैं, गीत लाया हूँ मैं।
गीत लबरेज है खत के मजमून से
गीत गरमा रहा है दिली खून से
वक़्त की ताप ने भी तपाया हूँ मैं
गीत लाया हूँ मैं, गीत लाया हूँ मैं।

मन में

हर सुख का सपना छला गया
दुख दर्द बचा है अँखियन में।
रोने भी नहीं देती दुनिया
आँसू हैं बहुत अन्तर्मन में
जीने की कला आयी ना मुझे
तरकीब से काम लिया न गया
सपने जो मेरे कुछ अपने थे–
उनको अंजाम दिया न गया।
मैं किसी के मन का मीत नहीं
अनचाही आमद जीवन में
रोने भी नहीं देती दुनिया
रो लेता हूँ मन ही मन में
मेरी विडम्बना मत पूछो
जीता हूँ तो कैसे जीता हूँ।
पिंजरा बिल्कुल आज़ाद मगर
मैं हूँ पिंजरे के बन्धन में
रोने भी नहीं देती दुनिया
रो लेता हूँ मन ही मन में ॥

गंगी का नाती अछूत

अछूत और अश्वेत जोड़ते हैं हमें

आज ओबामा ने–
अतीत कुरेदा अपना भी मेरा भी
अच्छा लगा मिस्टर ओबामा।
तुमने अपने
नस्ल भेद के शिकार
दादा को याद कर
मुझे मेरे सामाजिक अछूत गुलाम
बाबा की याद ताज़ा कर दी।
और तुमने कहा–
मोदी जी चाय बेचने वाले का बेटा है
और मेरे ग्रांड फादर बावरची थे।
सोचने लगा कि मैं क्या हूँ–
गंगी चमार का नाती–
भारत का अछूत?
मुल्की हकों का हकदार
नैसर्गिक सम्पदा का वारिस
या सबसे वंचित
सब कुछ हारा
कौन थे गंगी–
कौन हूँ मैं
क्या था उनका वजूद?
क्या थी उनकी पहचान

क्या लिया जाये—
उनकी स्थिति का संज्ञान?
सिर से पाँव तक
बहिष्कृत-अछूत
जन्म से मृत्यु तक
दासता में बिता गये
पूरा सफ़र भारत के पूत।
वे आँखों से अन्धे थे
वे अहीरिनों की
चाकी पीसा करते थे।
वे अछूत सन्त
'चोखामेला' की तरह जिया करते थे।
उन्हीं की तरह मुर्दा मवेशियों को
अपना कन्धा दिया करते थे।
कुट्टी काटने वाली—
चारा मशीन खींचा करते थे
वे आधा—
अंग वस्त्र पहनते थे
जो दे दिया, खा लिया करते थे।
वे अक्षर से
अनभिज्ञ थे
मैं नहीं जानता अमरीकन-गोरे
उन जैसे श्रमदासों को क्या कहते थे?
उनचास की वय में
ओबामा की आत्मकथा
'पिता से मिले सपने'
और पचास की वय में
मेरी आत्मकथा—
'मेरा बचपन मेरे कन्धों पर'
प्रकाश में आयी और
दोनों एक साथ दो हज़ार नौ में
अछूत और अश्वेत जोड़ते हैं हमें।

फिर एक
जात्याभिमानी दबंग ने कहा–
ओबामा दुनिया का सबसे सशक्त
प्रेजिडेंट
और तुम दुनिया के सबसे
अशक्त–अछूत।

उस उड़ान में

दूर देश को
जाने वाली उस उड़ान को
मैंने भागते-भागते
ऐन मौक़े पर
किसी फ़िल्म के
हीरो की एण्ट्री
की तरह पकड़ा था।
मेरे पास तो–
वक़्त की बेहद कमी थी।
इतने क्षण बाकी थे।
साथी, वे चौके थे।
विमान उड़ने
के चन्द क्षण पहले
देख कर मेरा प्रवेश
और सहयात्री ने देखा
आदमी क्या है विशेष
मेरी सीट खिड़की के साथ थी
दृश्यावलोकन की
सुविधा यूँ खास थी
वे चाह रहे थे–
चाह के भाव
चेहरे पर आ रहे थे कि
थोड़ा और लेट

क्यों नहीं हुआ यह
या विमान
इसके आने से पहले उड़
क्यों नहीं गया अब तक।
केवल इसलिए कि
वे नहीं चाहते थे
मैं भी उड़ूँ दूर देश
उन्हीं की तरह।
हालाँकि वे ब्राह्मण नहीं थे।
दलित थे
पर विद्वेष से
संचालित थे
जिस वक़्त मैं
पहुँचा था गन्तव्य पर
मेरे गले का
हाल ठीक नहीं था।
ज्वर हो गया था
परन्तु मैं जिन शब्दों को
जिन विचारों को
लेकर गया था
वे व्यक्त कर
सका था मैं।
यह बात और है कि
अतीत का
अनुभव
भविष्य का
अनुमान देता है
कि बहुत कहने से
थोड़ा भी कर गुज़रना
अच्छा होता है।

गंगी बब्बा चोखा मेला

1

डॉ. अम्बेडकर के
मराठी लेखन में एक विनम्र पात्र
मिलते हैं
नाम है सन्त 'चोखामेला'।

बाबा साहेब
सन्त नन्दनार और
गुरु रैदास के साथ
चोखामेला को
'द अनटचेबिल'*
डेडीकेट कर चुके हैं।
चोखामेला
मन्दिर प्रवेश की
इच्छा लेकर
उम्र भर
अभंग गाते रहे,
मुर्दा मवेशियाँ—
उठाते रहे।
बेलदारी कर
जीविका चलाते रहे।

*द अनटचेबिल 1948 में प्रकाशित बाबा साहब अम्बेडकर की ज़रूरी पुस्तक है।

अन्त में एक श्रम स्थल पर
दीवार गिरने से दब–
कर गुजर गये।
और मेरे
गंगी बब्बा मेरे साथ
कभी किसी–
मन्दिर की ओर नहीं गये।
चूँकि वे बचपन में ही
कितने ही धर्मस्थलों से
बाहर कर दिये गये थे।
इसलिए वे
स्पृश्यों की
सामाजिक
गुलामगिरी
करते-करते
अपनी कुल देवियों का स्मरण करते–
डरते-डरते गुज़र गये।
गंगी बब्बा और चोखामेला में
क्या कोई–
समानता है?
उनकी स्थितियों में
क्या कोई उनमें
रिश्ता बनता है?
डाक्टर अम्बेडकर ने
महान सन्त चोखामेला के
स्मारक बनाने वाले
हिन्दू अनुयायियों से पूछा था–
जब वे लायक महान सन्त
पेट के लिए बेलदारी करते थे,
मुर्दा मवेशी उठाते फिरते थे।
(तब स्पृश्य नालायक हिन्दू सन्त

मन्दिरों में बैठ कर
हलुवा पूड़ी खाया करते थे)
बेलदारी करते हुए
चोखामेला के ऊपर—
गिरी थी वर्ण-वर्चस्व की दीवार
और वे हो गये थे निष्प्राण
अस्पृश्य सन्त का भी
सम्मान करते हिन्दू तो
चोखामेला को
मन्दिर में—
प्रवेश क्यों नहीं दिया था?
उनकी अपेक्षित
जीविका का प्रबन्ध क्यों नहीं किया था?

गंगी बाबा

2

ओबामा ने
कहा मेरे दादा ब्रिटिश सरकार में
रसोइया थे
और मिशेल गुलामों के परिवार से हैं।
ओबामा के दादा—
रसोइया थे ब्रिटिश आर्मी में
और मेरे बब्बा
गुलाम भी थे और अछूत भी
वर्ण-भेद के अन्धकार में
वे चाकी पीसते थे,
फिर स्वयं पीसा हुआ
आटा छू नहीं सकते थे?
कि कहीं आटा भी अछूत न हो जाये॥

संवाद कविता

सवाल—सो क्यों नहीं जाते,
रात आधी जा चुकी है।
जवाब—अगर मैं
सो जाऊँगा तो?
तो
गाँधी जी नहीं
हो जाऊँगा?
तो मुझे जागते
रहना है
मुझे तो डॉ. अम्बेडकर
का नक़्शे क़दम होना है।
सवाल—'मैं जानती हूँ'
तुम सो नहीं सकोगे
गाँधी जी नहीं
तुम अम्बेडकर ही बनोगे
मैं मर गयी तो किसी
ब्राह्मणी से पुनर्विवाह करोगे।

अनुभूतियाँ

कितने तूफ़ान
मिले पथ पर
कितने मोड़
मुड़ा है जीवन
पर वह मेरी
स्मृतियों के
साथ-साथ है।
विडम्बना के
अँधियारों से
असभ्यता के
गलियारों से
निकल न पायी।
जैसे एक
गरीब—
की बेटी
बेइन्तहाँ शरीफ
मगर फिर
भौतिक
दुनिया में
उसकी
कमतर
ज़रूरतें भी
पूरी नहीं

हुआ करती थीं।
मेरे मुल्क की
आज़ादी में
मुमकिन नहीं
ख़ुशी और ग़म में
थोड़ा-सा
सन्तुलन बनाता
क्यों हारता रह गया मानुष
पिता-पति
की शक्लों में वह
हर काल, हर उम्र
और हर हाल में।
तुम से दूर रहा वह बरसों।
आज अचानक
उसी
पुरानी
सहृदयता,
शालीन, नम्रता
और बड़ी विदुषी
मुद्रा में, खड़ी हुई
वह,
मूर्तिवत मेरे समक्ष है।
अच्छी पढ़ी-लिखी
सुन्दर सुमुखी है।
भीतर-भीतर परम दुखी है।
वह आज भी प्रेम
जीवन से दूर-दूर है
जबकि प्रिय
फाँकाकश
बेबस और बेकार नहीं है।
अभाव वंचित भाव नहीं है।
प्रेम और पूँजी

के अविकल महासमर में
जीता नहीं, पराजित वह
इन अर्थों में कायर है वह
जल्दबाज है,
वह असहिष्णु है
इनमें कोई
आरोप नहीं है
सब कुछ सच
दिल-दिमाग़
आज भी वही है
बदला तो कुछ अभी नहीं है।

युद्ध टालना होगा

तुम चौथाई भारत
की भागीदारी की चिन्ता
करते हो
और उसने
ठान ली है कि—
"युद्ध के बगैर
सुई की नोक के बराबर
ज़मीन नहीं दी जायेगी।"
हर झुग्गी
जला दी जायेगी
ज़मीन छीन कर
घरों पर कब्ज़ा कर
दलितों की आबादी
गाँव-शहर से दूर
खदेड़ दी जायेगी
किसी भी कीमत पर—
काम के दाम
पूरी मजूरी
किसी को नहीं दी जायेगी।
बने संस्थाओं में
हिस्सेदारी सब की
ऐसी तो
कोई भी व्यवस्था

अभी नहीं की जायेगी।
जिस भी
निकाय में
होगा आरक्षण
उसकी हर
चीज़ निजी
क्षेत्र में देकर
अपनी जाति
बिरादरी के
नाम कर दी जायेगी।
प्रेम दलित से,
कर लेगी तो
बेटी भी जान से जायेगी।
बेशक लौट आयें आज के
शक हूण कुषाण मुग़ल
गोरे भी
पर वे
नैसर्गिक
अधिकार दलित के
अपने बाप
का धन समझेंगे।
आज़ादी के
फल-फूलों में
भागीदारी न होने देंगे।
उच्च शिक्षा और
सम्मानित दर्जे की
कोई रिक्ति भरी नहीं जायेगी।
और अछूत सोचते होंगे–
आज नहीं, तो कल
भूमि-वितरण लागू होगा
आवास सबको मिलेंगे
स्वास्थ्य और शिक्षा के

अवसर समान होंगे।
जबकि वह
भोजन की जूठन
शिक्षा की जूठन
वस्त्रों की उतरन
और मकानों के
बगैर रहने को कहता है।
सो फिलहाल–
किसी को कुछ नहीं
इसलिए कि–
उसी का पेट
सबसे बड़ा हो गया है।
आज ही बोला
कल्याणकारी राज
का चेहरा बिगाड़
देगा सुधार
क्योंकि वह
'युद्ध' का मन
बना बैठा है
युद्ध उन्हें शायद–
अवश्यम्भावी होता है
आत्म नाश को
आमन्त्रित करता वह
और जब युद्ध होगा
तो हारने के लिए
खोने के लिए
दलित के पास
उतना भी नहीं है
जितना मार्क्स के
प्रोलेतेरियत के पास था।
वह शान्ति-अहिंसा की
दुहाई और

राष्ट्रीय महापुरुषों की
आत्मा का वास्ता देगा
परन्तु युद्ध होगा तो–
गाँधी जी से पूछा जायेगा
क्यों कराया था–
'पूना पैक्ट'?
जब निभाया–
नहीं जाना था
कोई वायदा।
आज़ादी पा कर भी
दशक-दर-दशक इन्तज़ार
धोखा–
फरेब यह सब है।
केवल द्विज तत्त्वों को
वैभव ही वैभव है।
दलित घर उजाड़
मिला उन्नत संसार है।
दलितों की दुर्दशा
पूना पैक्ट का सार है।
यदि यह समझौता
नहीं हुआ होता
स्वतन्त्र निर्वाचन,
मिल ही गया होता
तो दलित-भारत का
चेहरा
सचमुच बदल रहा होता।
दलित अपने कर्मों से
दीन है
पूरा बहिष्कृत भारत
नेतृत्व विहीन है
नेता उनके हैं–
जो दल उन्हें चुनवाते हैं

दलित की देह में भी वे
अदलित ही हो जाते हैं।
साहित्य संगीत कला
मीडिया और शिक्षा की
आज़ादी मिल पाती
दलितों के लिए

न वर्ण समाज में इज़्ज़त है
न शिक्षा है न सुरक्षा है
न पराये धर्म में कोई जगह है,
न दबा है, न दुआ है
हर दिशा उसकी दुश्मन है
हर क्षेत्र उसका कातिल है
और व्यवस्था–
प्राण लेने पर उतारू है।
सर्वनाश स्वदेशी है।
सुख समृद्धि
बाज़ारू है।
न घर में प्रेम है
न पड़ोसी से कोई रिश्ता है।
यह किस अपराध की सजा है?
यह अछूतों को अघोषित कारावास
नहीं है तो और क्या है?
गुलामों के यहाँ सौ चेहरे हैं,
जो न समझें उनके लिए
कहना क्या है।
शेष रही
आज़ादी के लिए
युद्ध होगा ही
युद्ध नाश लाते हैं, पर
देश के जो दुश्मन हैं
शान्ति कहाँ चाहते हैं?

वे आरक्षण के जरिए
भागीदारी देने नहीं देते।
वे सत्तर साल के
बैकलांग
भरने नहीं देते
सब समान हैं
कहते-कहते नहीं थकते।
क्षतिपूर्ति कभी नहीं
होने देते
ज़्यादा से ज़्यादा
निजी क्षेत्र को बढ़ाते
जो गैर-दलित स्वामित्व में
संचालित किये जाते हैं।
उन्हें समान्तर
सरकार सा पनपाते हैं।
युद्ध तो होगा ही
वह हमारे दुश्मनों
की ओर से हमें
बुद्ध देगा।
बुद्ध के साथ युद्ध
क्यों होगा?
नहीं होगा तो
मुक्ति नहीं मिलेगी।
बिना
विचार-युद्ध के
स्थिति नहीं बदलेगी।
ऐसा युद्ध
कि जिसमें
खून न होगा
घाव न होगा
अँसुअन का
सैलाब न होगा॥

बाँटी गयी वेदना हूँ मैं

मैं वही हूँ
जिस पर
जुल्म-ज्यादतियाँ जारी।
मेरे ही चर्चे,
मेरे हक में
वायदे बड़े-बड़े सरकारी
चौधरियों
की चौपालों में
राजा साहब
बाबू साहब
सब शोषक हैं
सब शातिर हैं
सब का सेवक
बना रखा है।
समता और
स्वतन्त्रता वाला
झूठा सपना
दिखा रखा है।
मैं वही हूँ
जिसे खोजने
बैठाए जाते रहे हैं
कमीशन दर कमीशन
मैं वही हूँ

जिसके लिए
लम्बी-लम्बी
यात्राएँ की गयीं।
मुक्ति के नाम पर
यातनाएँ दी गयीं
मैं वही हूँ
जिसके बगैर पूरा
नहीं हो सकता था
ज़िम्मेदारी भरा–
संकल्प बदलाव का।
मेरे बगैर–
सूत्रपात
नहीं हो सकता था
सुख-दुख की
हिस्सेदारी का
क्योंकि मैं
एक व्यक्ति नहीं
पूरी दलित चेतना हूँ
बहिष्कृत भारत की
रौंदी गयी आत्मा हूँ
तिरस्कृत समाज की
बाँटी गयी वेदना हूँ ॥

मन की मार

कोई कारण नहीं
कि वह तुम्हें–
अछूत कहता–
और
तुम सिर नीचा कर
उसे स्वीकारते
उसने तुम्हें चमार कहा–
और तुम हो गये अधमरे?
भंगी कहा तो–
पैरों में ही जा गिरे।।
अपमानित से
और वे सवर्ण कहते
ही सवर्णता की मुद्रा में
आ जाते हैं।
कर्मणा से
जन्मना सब कुछ
पा जाते हैं।
हँसते हैं खल–
नायक सी
निष्ठुर हँसी
और चैन से तुम्हारा
हिस्सा खा जाते हैं।
तुम ज़िन्दगी के–

दंगल में,
हाथ मिलाते हो
सबसे भारी पहलवान से—
और दोनों
हाथों पर उठा कर
चारों ओर घुमा कर
पटक देते हो ज़मीन पर।
अखाड़ा—
कर लेते हो फतह।
जैसे ही तुम
उठाते हो
लँगोट घुमा देने के लिए
वह आता है और
कान में चुपके से मात्र
इतना कह जाता है।
'चमार के तू...'
और तुम
तुरत नीचे आ जाते हो ??
हारे हुओं से
डर जाते हो?
ऐसा क्या है कि
वे जाति
गौरव से
फूलते-पनपते हैं?
और आप
अपनी पहचान—
से मरते हैं
भूल जाते हैं आत्मबल
अपनी ही
परछाइयों से डरते हैं?
ऐसा क्या है कि—
जाति का नाम

जुबान पर आते ही
पुस्तक का पाठ भूल जाता है–
स्कूल का होनहार दलित छात्र–
जाति तुम को मौत–
उनको संजीवनी क्यों है?
तुम जाति को छोड़ कर,
छिपा कर चलते हो
वे गर्व से लेकर चलते हैं जाति
पांडे के पूत तिवारी के नाती।
उच्च वर्ण कहा नहीं कि
सीना तना नहीं।
जाति सरनेम को–
सिर पर ताज सा सजाता वह।
आगे बढ़ता है–
ऐंठता है अकड़ता है।
गोया वह नोबल पुरस्कार
के लिए चुन लिया गया हो
दलितेतर हिन्दी साहित्य में।

पारदर्शी प्रतिबिम्ब

1

हिन्दुस्तान की
नदियों का पानी
पेय नहीं रह गया है
जीव-जन्तु
मर रहे हैं प्रदूषित जल में
जल जब से रक्तिम हुआ है
दलितों के खून से।
खून जिसे कल कारखानों में
फैक्ट्रियों से निकाला
जा रहा है सीधे नदियों के रास्ते।
डिस्इन्वैस्टमेन्ट
यूँ भी जो जल
मछलियों को नहीं बचा सकता।
वह दलितों आदिवासियों को क्या बचायेगा?

2

दोस्तो हम
बदकिस्मत हैं
हमने बाबा साहब को
सशरीर नहीं देखा
पर उनके सिपाहियों को तो देखा है

उनके विचारों ने
चमत्कार कर रखा है।
आज़ाद तो हम
भीमोदय से पूर्व भी नहीं थे,
परन्तु हम गुलाम हैं
यह उन्हीं ने महसूस कराया।
हमारे भीतर के सोये
ऊर्जस्वित सिंह को
झकझोर कर जगाया।
वे चले गये तो
हमें नींद की झपकियाँ आने लगीं
हम में कई तो मृतवत सो गये
और अभी तक नींद टूटी नहीं
सपने आये नहीं हैं
गफलतें बढ़ती रही हैं
और हम छब्बीस करोड़
छह करोड़ जैसे हो गये हैं।
हमारा हक-हिस्सा
हड़प कर
और वे सवाये
स्वतन्त्र हो गये हैं
और हम दोहरे
गुलाम रह गये हैं?

माँ हो

उन्होंने पुख़्ता–
इन्तजाम कर लिया है
तुम्हें प्यार से मारने का
पर तुम अपनी
नन्ही बेटियों में
समा कर जाओ
किसे अन्दाज़ा है
तुम्हारी कुव्वतों का
कि तुम
कितनी मेहनती
कितनी वफ़ादार
कितनी जुझारू
कितनी सहनशील
बहिष्कृत बच्चों की
अस्पृश्य माँ हो

संवाद

नदी बोली समन्दर से
मुझे ले चल मेरे घर से
तालाबों से नहीं बनती
वे सूखे हैं मेरे डर से
नदी बोली समन्दर से
मुझे ले चल मेरे घर से।

हम नहीं जानते थे,
कि हमारे राह चलते बच्चों से
रास्ते छीन लिए जायेंगे।
आँखों पर पट्टियाँ बाँध कर
अपने-अपने लक्ष्यों तक
पहुँचने को मैरिट कहा जायेगा।
सचमुच हम मुगालते में थे कि
आज़ादी मिल गयी है
हमारी किस्मत
संविधान में
लिख दी गयी है।
तो शिक्षा, स्वास्थ्य
आवास और सेवा के अवसर
हमें भी बराबर मिलेंगे
इसलिए कि–
देने वालों में

हम भी शामिल हो सकेंगे।
और
हम भी अपने बच्चों को
आशान्वित
भविष्य दे सकेंगे।
वाक़ई हमें
खुशफ़हमियाँ थीं
कि जब हमारे हक
हमारे क़ातिलों के
हाथों लेने पड़ेंगे तो
हमारे प्रतिनिधि अपनी
जान की बाजी
लगाकर बचा लेंगे।
उत्कोच, प्रलोभन
सत्ता-सुख
हमारी आज़ादी
छीनने की कीमत पर
मिलेंगे तो ठुकरा देंगे।
पर अब हमारे सामने
सारे चित्र स्पष्ट हैं
सारे सपने टूटे खिलौने जैसे
बिखरे पड़े हैं।
हमारे बच्चों की गुलामी
का सामान तैयार हो गया है।
और हम स्वगं
घर-गाँव से निर्वासित
शोषित शासित होने के डरावने
स्वप्नों में खो रहे हैं।
अपने अनजानेपन
को लेकर रो रहे हैं।
यदि यह सब पहले
जानते तो क्या करते?

सत्ता का बँटवारा?
चोर को सज़ा और
शरीफ़ को सम्मान
जो तुम आज भी
नहीं दिला सकते
अपने राज में।
चिन्तन के स्तर पर
व्यावहारिक
प्रयोग के रूप में
और सामाजिक
स्वीकृति के धरातल पर।
मार्क्स-मत
बुरी तरह पराजित है।
ऐसे में भी क्या वामपन्थियों ने
अस्पृश्यता की गम्भीरता को
समझ लिया है।
जाति-भेद को
वर्ग भेद तुल्य मान कर
कोई समता-मूलक
उपक्रम आरम्भ किया है?
संविधान-पथ पर
अम्बेडकर-मत को स्वीकार कर
उनके अनुयायियों को
सही मानकर
उनका अनुसरण
करना शुरू कर दिया है?
दलित चिन्तकों,
साहित्यकारों के
नेतृत्व के पीछे चल कर
देश की दयनीय साहित्य
व्यवस्था की
अस्वस्थता दूर करने में

क्या अपना थोड़ा-बहुत
योगदान कर सकते हैं?
लेकिन उनका
जन्मना अहंकार
भीतर से फुँफकारता–
जात्याभिमान,
श्रेष्ठत्व किसी भी विचारधारा में
वे इंसानियत
से सर्वोपरि
ऊपर उठे हुए देवत्व की
कोटि के लोग हैं
वे निरीश्वरवादी,
क्रान्ति के
मामले में तो
त्रिकालदर्शी हैं
भूत वर्तमान और
भविष्य को भी जानते हैं
खुदा को नहीं–
खुद को दलितों का खुदा मानते हैं।

सवाल

बना किसके सपनों का देश
सौ में सत्तर पढ़े नहीं हैं
अपने पाँव पै खड़े नहीं हैं।
व्यापा है आतंक सब तरफ़
बढ़ गये कष्ट क्लेश
बना किसके सपनों का देश।
गर्भ से बच्चा को–
निकाल कर एक साथ दो खून।
गुनाह मुआफ सब होना क्या
आँख खोल कर, सोने वाले
तेरा तो जागना क्या है,
सोना क्या है?
चढ़ा सिर
किसके लिए जुनून?
तलवारों या
त्रिशूलों से
प्यार नहीं
आतंक चले हैं।
पाँच के किये पचासों टुकड़े
मुर्दा गाय जीवित दलितों से–
ज़्यादा अर्थवान होती है।
व्यवस्था देते हिन्दू शास्त्र
मतदाता के दाता बन गये

उसको दिया भिखारी भेष।
बना किसके सपनों का देश।
बचपन में–
सोचा करता था
कवि को यदि सत्ता दी जाये।
शायद कुछ सँवर-सुधर जाये।
सहयोग भाव
प्रबलतम हो
गतिरोध न प्रगति में आये।
लेकिन दशकों से देख रहा
अच्छे के आसार नहीं हैं
नायक, कवि कथाकार भी हैं पर
परिवर्तन को तैयार नहीं हैं॥

समय लगेगा

हथेलियों पर–
सरसों नहीं उगाई जा सकती।
जिन दीयों में
घृत नहीं है
उनमें ज्योति
नहीं जलाई जा सकती।
युद्ध के अवसर पर
कविता होती है एक हथियार
वीरों बलिदानियों को
लोरी नहीं सुनाई जा सकती।
धीरे-धीरे ही–
आज़ादी
जन-जीवन तक जायेगी।
फूँक मार कर–
अस्पृश्यता भी
उड़ाई नहीं जा सकती।
समय लगेगा
सुलझने-समझने में
जाति धर्म
अलगाव की गुत्थी–
यूँ ही नहीं सुलझाई जा सकती।

संवेदनाओं को जगाती रचनाएँ : क्रौंच हूँ मैं

–उमेश चन्द्र चतुर्वेदी

दलित चेतना का स्वर अब हिन्दी में भी पूरी तरह सुनाई दे रहा है। हालाँकि कुछ लोगों का मानना है कि हिन्दी में दलित वर्ग की आवाज़ को पहला स्वर रैदास ने मध्यकाल में ही दे दिया था। दलित चेतना के स्वर अब बाकायदा हिन्दी में भी अपनी पहचान बनाते जा रहे हैं। दलित चेतना की इस कड़ी में अगला संग्रह युवा कवि श्यौराज सिंह बेचैन का काव्य-संग्रह 'क्रौंच हूँ मैं' शीर्षक से है।

क्रौंच ही वह पक्षी है, जिसने आदि कवि वाल्मीकि को पहली कविता की प्रेरणा दी थी। मिथुनरत क्रौंच के वध ने वाल्मीकि के मानस को उद्वेलित कर दिया था। कहना न होगा कि आधुनिक काल में भी निरीह क्रौंच का सामाजिक-राजनीतिक और आर्थिक वध होता ही रहता है। ऐसे में एक बार फिर किसी संवेदनशील के मन में आलोड़न होना अस्वाभाविक भी नहीं है।

इस संग्रह में युवा कवि श्यौराज सिंह की कुल अस्सी कविताएँ संकलित हैं। इसका आरम्भ होता है श्रद्धांजलि से और अन्त होता है इन्तज़ार पर। आज आम आदमी को पग-पग पर व्यवस्था से कितने ख़तरे हैं, कितनी संवेदनहीन है यह व्यवस्था ऐसे में कौन देता है जन सामान्य आम आदमी को श्रद्धांजलि। लेकिन कवि ने अपनी श्रद्धांजलि उनको अर्पित करके अपनी जनपक्षीय प्रतिबद्धता जाहिर कर दी है।

आधुनिक दौर के तमाम तरह के दृश्य इस संग्रह में अपनी पूरी मानवीय करुणा के साथ दीख जाते हैं। व्यवस्था का सबसे बड़ा भ्रष्टाचारी राजनीतिक वर्ग हो या साम्प्रदायिकता के सहारे अपनी महत्वाकांक्षाएँ पालने वाले लोग हों, इस संग्रह में ऐसे सारे दृश्य अपने पूरे उफान के साथ उपस्थित हैं। उनकी उपस्थिति में व्यंग्य की धार भी है।

हिन्दी अकादमी, दिल्ली के सहयोग से प्रकाशित इस संग्रह की कविताएँ

सोचने को बाध्य करती हैं। उनकी यह बाध्यता ही कवि के सामर्थ्यवान होने का परिचय देती है। कवि केदारनाथ सिंह के शब्दों में कहें तो–"जहाँ तक कवि की भाषा का सवाल है, उसमें एक सहज खुलापन है, जिसमें रचाव कम, पर रचनात्मक सम्भावना अधिक है।" सम्भावनाशील कवि के इस रचनात्मक श्रम सीकर का स्वाद कड़वा हो सकता है, पर बुरा नहीं है। इसीलिए प्रत्येक प्रबुद्ध पाठक के लिए यह पठनीय संग्रह है।

दैनिक हिन्दुस्तान : 17 अप्रैल, 1997

मानवीय संवेदना को झकझोरती कविताएँ

–डॉ. एन सिंह

दलित कविता का उद्‌भव तो पन्द्रहवीं शती के मध्य में हुआ। जब सन्त कवि रैदास ने अपनी कविता के माध्यम से हिन्दू वर्ण व्यवस्था पर चोट की थी और एक ऐसे राज की कल्पना की थी, जहाँ पर सब छोटे-बड़े समान रूप से रहें और कोई भी भूखा न रहे। (ऐसा चाहूँ राज मैं, जहाँ मिले सबन को अन्न, छोट बड़े सब सम बसें, रैदास रहे प्रसन्न।) हिन्दी क्षेत्र में सूखी दलित कविता की स्रोतस्विनी महाराष्ट्र में जाकर बीसवीं सदी के पाँचवे दशक में प्रकट हुई और हिन्दी क्षेत्र में वह आठवें दशक में पुनः प्रस्फुटित हुई। इसके बाद जिन कवियों के काव्यसंग्रह प्रकाश में आये। उसमें सर्वश्री डॉ. सुखवीर सिंह का 'बयान बाहर', 'सूर्यांश', डॉ. धर्मवीर का 'हीरामन' और

डॉ. प्रेमशंकर का 'नयी गन्ध और कविता', 'रोटी की भूख तक', डॉ. राम शिरोमणि होरिल के 'करील के काँटे', और 'जीवन राग', डॉ. मनोज सोनकर का 'शोषितनामा', डॉ. चन्द्रकुमार वरठे का 'अधूरी चिट्ठी रोशनी की', डॉ. दयानन्द बटोही का 'यातना की आँखें', डॉ. सोहनपाल सुमनाक्षर का 'अन्धा समाज बहरे लोग', डॉ. पुरुषोत्तम सत्यप्रेमी का 'सवालों का सूरज', डॉ. एन. सिंह का 'सतह से उठते हुए', डॉ. सुशीला टाकभौर का 'यह तुम भी जानो', ओमप्रकाश वाल्मीकि का 'सदियों के सन्ताप', लालचंद राही का 'मूक नहीं मेरी कविताएँ', जयप्रकाश नवेन्दू की 'कविताएँ 1991', सूरजपाल चौहान का 'प्रयास', लालित्य ललित का 'गाँव की चिट्ठी शहर के नाम', हरिकिशन सन्तोषी का 'कमलिनी', तथा 'बाँसुरी के नुपूर' के अतिरिक्त श्यौराज सिंह 'बेचैन' का सद्यः प्रकाशित कविता संग्रह 'क्रौंच हूँ मैं' दलित काव्य शृंखला की नूतन कड़ी है। जिसमें कवि की अस्सी कविताएँ संकलित हैं। इस काव्य संकलन की भूमिका हमारे समय के प्रतिष्ठित कवि प्रो. केदारनाथ सिंह ने लिखी।

'क्रौंच हूँ मैं' का कवि इस क्षेत्र में पूरी तैयारी के साथ आया है। इस तथ्य की पुष्टि प्रो. केदारनाथ सिंह के इस कथन से भी होती है कि 'मुझे जिस खास बात ने आश्वस्त किया है, वह है कवि की क्षमता, जिसके चलते वह छन्दोबद्ध और लगभग छन्दहीन दोनों प्रकार की कविताएँ लिखने में सफल है।'' इस संकलन का प्रारम्भ ही श्रद्धांजलि शीर्षक कविता से होता है। जिससे स्पष्ट हो जाता है कि संकलन का मूल सार दलित चेतना ही है। जिसे कवि अपने जीवन से भी और रचनात्मकता से भी पूरी तरह प्रमाणित करता है। श्यौराज सिंह 'बेचैन' का जन्म एक ऐसे दलित परिवार में हुआ, जहाँ स्वतन्त्रता के पूर्व और पश्चात की अनेक पीढ़ियों से कोई साक्षर तक नहीं हुआ था। ऐसे परिवार में जन्मे बालक को कितने प्रकार की संवेदनाओं से गुजरना उसकी पिछली सभी पीढ़ियों को न पढ़ाने न बढ़ाने का कर्ज सभ्य समाज पर है। यह आप उन्हीं के शब्दों में देखें—''बचपन का मैं अन्धविश्वासी बालक किशोर होते ही आर्यसमाजी और युवा होते-होते वामपन्थी और बाद में दलित चिन्तन के करीब पहुँचा हूँ।'' इसलिए उनके सामने कई तरह के मानव सृजित नर्क रहे हैं। भूख, गरीबी, जातिभेद, निरक्षरता, अज्ञान, दलित व स्त्री की उपेक्षा, आदि सम्पूर्णतः आज़ादी में गुलामी के अभिशप्त हालात मेरे क्रौंच को शूल की तरह भीतर ही भीतर सालते रहे हैं। उनका यह 'क्रौंच' भारतीय समाज के उस तिरस्कृत और संतृप्त अंग 'दलित' का प्रतीक है, जो विषम हिन्दू समाज व्यवस्था के शूल से बिंधा आज भी छटपटा रहा है। इस प्रतीक को कवि बेचैन के ही शब्दों में देखें—''व्यवस्था का सीधा शिकार हुआ वर्ग क्रौंच है, जो प्रतिनिधि है आज के मूक, उपेक्षित, पहचान हीन, जातीय हीनता बोध के घेरे में कैद मानव समुदाय का, जो शिकारियों के प्रहारों से घायल, उत्पीड़ित, दमित और कुल मिलाकर ज़िन्दा लाश की शक्ल में है। वह भी एक-दो नहीं, बहुसंख्यक विशाल विश्व। जीवन की आज़ादी तरक्की से वंचित रखे, या यह सब पाने में अक्षम बनाये घायल, कराहते, चीखते या तड़पते इन्हीं धरती पुत्रों में एक क्रौंच भी है।''

क्रौंच का सच संवेदना का सच है, जो व्यष्टि का होकर भी समष्टि का है। जिसे कवि बेचैन इस प्रकार अभिव्यक्ति देते हैं—

क्रौंच हूँ मैं
भुक्तभोगी मैं
तुम्हारे तीर का
दर्द मेरा
औ', मेरा सन्ताप

दूसरों के
पाप का मैं भोगता
अभिशाप

यह क्रौंच किस तरह दूसरों के पाप का फल भोगता है। इसे उनकी कविता 'गाँव का खत' में और संजीदगी से देखा जा सकता है—

नेता, चोर, शरीफ़ आदमी
सब थाने आते-जाते हैं।
अपराधी कोई हो लेकिन
पकड़े तो निर्धन जाते हैं।
गाँव का एका तोड़ रहे हैं
गलत सियासत करने वाले
बस्ती स्वाहा कर डालेंगे
वोट अगर मर्जी से डाले। (पृष्ठ 20)

'क्रौंच हूँ मैं' की वे कविताएँ अधिक मारक हैं, जिनमें कवि अपने घटित को रूपायित करता है। ये आत्मकथात्मक कविताएँ पाठक की संवेदना को बहुत गहराई तक झकझोर देती हैं। इन कविताओं में अपराध बोध और 'मजूर' के साथ 'मातृऋण' भी एक ऐसा ही है। जिसमें कवि अपने बचपन के संत्रास भूलना चाहता है और चाहता है कि उसका दुःख भरा बचपन लौट कर न आये, और यह कविता उन तमाम लेखकों की कामनाओं के उलट है जिनके बचपन सुख-सुविधाओं से भरे रहे हैं। इसलिए वे उन सुखों की वापसी चाहते हैं। परन्तु भाई श्यौराज सिंह की यहाँ उद्धृत कविता का यह मार्मिक अंश इस प्रकार है—

पेट भरने के
लिए क्या-क्या नहीं
मैंने किया?
लोग बचपन के
लिए आवाज़ देते हैं
कि वह लौटे—
उजालों की करे बरसात
पर ओ, मेरे दुःखों से भरे बचपन
न आ, नहीं लौटा,
पुराने दर्द, काली रात। (पृष्ठ 54)

इस काव्यसंग्रह से गुज़रते हुए एक तथ्य बहुत स्पष्ट होकर हमारे सामने

आता है कि कवि की दृष्टि बहुत पैनी है और वह व्यवस्थाओं की तह में जाकर उन स्थितियों को ढूँढ़ निकालती है, जो मानवीय शोषण के बहुत बारीक (महीन) उपकरण हैं। सामान्यतया जिन पर व्यक्ति की नज़र जाना सम्भव नहीं। इस तथ्य को कवि श्यौराज सिंह 'बेचैन' अपनी कविता 'जुल्म जारी भी है' से स्पष्ट कर देते हैं—

माना 'डेमोक्रेट' है
निज-देश की आबोहवा।
दूसरी शक्लों में
होरी पर जुल्म जारी भी है।

बस अपनी कविता के माध्यम से इन दूसरी शक्लों की पड़ताल करना ही 'क्रौंच हूँ मैं' के कवि का लक्ष्य है। मैं समझता हूँ कि अपने इस लक्ष्य में कवि पूरी तरह सफल हुआ है। हिन्दू उदारवाद जिसके तहत वह पशु (गाय) और पत्थर (मूर्ति) की पूजा करता है। चींटियों को आटा खिलाता है और साँप को दूध पिलाता स्वयं को प्राणी मात्र के प्रति सदय घोषित करता रहा है। लेकिन मनुष्य के प्रति उसके मन में कभी दया नहीं आयी। उसने अपने धर्म ग्रन्थों का वास्ता देकर एक पूरी कौम अस्पृश्य बनायी—बहिष्कृत कर दिखायी। इस स्थिति को देखिये 'ढोंग' नामक कविता में क्या सुन्दर रचनात्मक सन्दर्भ दिया है कवि ने—

तुम उदार थे
गाय के प्रति
और हम थे
आदमी की
शक्ल में निरे गाय।
हमने दिया
दूध,
खाया घास-फूँस
और दीं
अपनी सन्तानें
इन्सानी शक्लों में—
बैल बनने के लिए।
मूर्खता के कोल्हू में
जुतने खपने के लिए।
पीढ़ी-दर-पीढ़ी...

और तुम
स्वामी अनुदार
स्वार्थी
ढोंगी अपार। (पृष्ठ 30)

दलित वर्ग के लोग इस देश की हिन्दू वर्ण-व्यवस्था का शिकार हुए हैं। इस वर्ग का हर बुद्धिजीवी इस तथ्य को शिद्दत के साथ महसूस कर रहा है। इस व्यवस्था के कारण ही अतीत में भारत हज़ारों वर्षों तक गुलाम रहा है और दलित समाज दोहरा दास रहा है। विदेशियों और स्वदेशी वर्ण-भेदियों का भी। यदि इस व्यवस्था को शीघ्र समाप्त नहीं किया गया, तो भारत को टूट कर बिखर जाना या पुनः गुलाम हो जाना नितान्त अवश्यंभावी है। इस तथ्य की ओर संकेत करते हुए कविवर श्यौराज सिंह 'बेचैन' जी ने लिखा है कि–

"जब तक
जाति जंगलीपन है–
जब तक धर्म विवाद रहे
तब तक
मुमकिन नहीं कि
भारत
सुखी रहे, आज़ाद रहे।"

इस काव्यसंग्रह का एक स्वर व्यंग्य भी है, जो बहुत ही सशक्त और सार्थक है। जिसका विषय कविता भी है, राजनीति भी है और समाज व्यवस्था भी है। आधुनिक सन्त पर व्यंग्य करती हुई एक कविता है 'चेला' जो अपने आप में कथात्मक कविता है। इस कविता कथा के अनुसार एक व्यक्ति अपनी दरिद्रता के कारण तंग आकर एक गुरु के आश्रम में जाकर उससे दीक्षा ग्रहण कर लेता है लेकिन जैसे ही पेट की समस्या सुलझ जाती है, तो पेट से चार इंच नीचे की समस्या शुरू हो जाती है और वह अपने घर जाकर अपनी पत्नी को आश्रम में अपने साथ रहने के लिए राजी कर लेता है। आश्रम आते ही गुरु का नाराज़ होना स्वाभाविक ही था। चेला तो कुछ गुरु को समझता है, उस अन्योक्ति के माध्यम से भारत के मार्क्सवादी और पूँजीवादी दोनों का दोहरा चरित्र उघड़ कर नंगा हो जाता है। कविता का वह अंश इस प्रकार है–

गुरु मैं इसे रखूँगा ऐसे–
जैसे कामरेड जाति को रख कर
उसमें लिप्त नहीं होते हैं।

अथवा जैसे न्यासी
धन के संरक्षक होते हैं बेशक
पर आसक्त नहीं होते हैं।

व्यंग्य की यह तीक्ष्ण धार इन कविताओं में प्रायः देखने को मिलती है। इस देश का कवि 'आम आदमी' के दुःख-दर्द को लेकर, कितनी ही कविताएँ लिख चुका है। लेकिन उसकी पीड़ा यथावत् है। क्योंकि यहाँ का 'आम आदमी' कवि के लिए उसकी कविता के लिए उद्दीपन मात्र है। यदि वही नहीं रहेगा, तो कविता कैसे लिखी जायेगी? अतः आम आदमी को 'आम' ही बनाये रखने का षड्यन्त्र भी इस देश में साथ-साथ ही चल रहा है। 'आम और खास' कविता का यह अंश इसी सत्य की ओर संकेत करता है—

आम आदमी
उद्दीपन ही नहीं रहा तो
कौन करेगा प्रेरित उसको
इसलिए वह मानता है
कि आम को बस
आम ही रहना चाहिए।

हिन्दी कविता प्रकाशन से लेकर पाठ्यक्रम तक एक भरापूरा धन्धा है। जिसका सबसे निकट रूप हिन्दी के गैर दलित-काव्य मंचों पर दिखाई देता है। पिछले दिनों उत्तरप्रदेश के किसी शहर में हिन्दी काव्य मंच के कुछ नामी-गिरामी कवियों में पारिश्रमिक को लेकर गाली-गलौज ही नहीं, बाकायदा गुण्डों की तरह मारपीट भी हुई। जिसकी रिपोर्ट थाने में भी हुई। हिन्दी में लिखने वाले और उसमें रुचि रखने वाली हिन्दी भाषी जनता का सिर शर्म से नीचा हो गया। इन कवियों को पता नहीं शर्म आयी या नहीं? ऐसे कवियों पर व्यंग्य करते हुए कवि 'बेचैन' जी उन मंचीय और व्यवसायी कवियों को कविता की अस्मिता बेचने वाले मानते हुए लिखते हैं—

तन कर समाज पर चढ़े हुए।
रूढ़ि-रस्मों पर अड़े हुए।
हैं मूल्यवान वेश्या समान
जो खरीद ले उसको कविश्री—
घोषित कर देते हैं महान।
हर रात हज़ारों में बिकते।
हैं गीत नहीं, सौदा लिखते।

सच्चा कवि अपने समय के सच को जीता और भोगता है। अतः उसकी कविता उसके समय का दर्पण होती है। बेचैन जी की कविता में भी हमारे समय की अधिकांश घटनाएँ अभिव्यक्ति पाती रही हैं। कवि कर्म रिपोर्टिंग नहीं हैं, अतः ये घटनाएँ भी रचनात्मकता में सराबोर होकर आती हैं। इन घटनाओं पर कवि अपना दृष्टिकोण भी स्पष्ट करता है। इनकी 'मन्दिर-मन्दिर' कविता—एक बड़े राम मन्दिर के निर्माण के लिए कई छोटे-छोटे शिव मन्दिरों के तोड़े जाने पर देखिये कैसी टिप्पणी करती है—

छोटे-छोटे मन्दिर
क्यों कर टूट रहे हैं।
रामेतर सब देव
हो रहे बेघर सारे
बेचारे हैं
आम आदमी की हालत में
राजा राम तुम्हारे
मन्दिर की चिन्ता में उजड़ी
दुनिया भिक्षुक प्रभु शिवशंकर की।

'क्रौंच हूँ मैं' की कविताओं में जो खास बात है, वह कवि की वह आस्था जिसमें कि वह परिवर्तन के लिए मुतमईन है। लेकिन कवि जानता है कि यह परिवर्तन अपने आप नहीं आयेगा, इसके लिए व्यक्ति और व्यक्ति समूह को प्रयास करना पड़ेगा। अपने इस एहसास की बेचैनी को वे इस प्रकार अभिव्यक्त करते हैं—

मुझे बेचैनी है।
ठहराव के विरुद्ध
मुझे अहसास है
जीवन में खुद-ब-खुद
कुछ भी नहीं बदलेगा।

उनकी इस आस्था का स्वर इससे भी अधिक मुखर होकर उभरा है, उनकी कविता 'जिनको आज़ादी नहीं' में देखिये—

कुएँ तालाब में बदलने दो
दीये मशाल में बदलने दो।
मैं मुतमईन हूँ, सुबह को
हम भी पहुँचेंगे।

चाल धीमी है, तो भूचाल में
बदलने दो। (पृष्ठ 27)

कवि 'श्यौराज' अपनी परिवर्तनकामी चेतना के तहत इस पहचानहीन मूक वर्ग को उसकी आवाज़ लौटाने के लिए प्रतिबद्ध है। वह अपनी आँखों के सपने खोकर भी उन आँखों की बात सोचता है, जिनमें सपने अभी तक आये ही नहीं, वह ऐसा ही कुछ लिखना चाहता है जिससे बेज़ुबान आदमी भी अपना मुँह खोल सके–

इन आँखों के
सपने तो टूट गये लेकिन
जिन आँखों में
जन्मे ही नहीं उनकी सोचो
तुम ने तो
कह ली
अपनी और पराई भी
अब खोल
सको तो
बेज़ुबान का मुँह खोलो।

उनकी इस जिजीविषा को हमारा समर्थन–

लीक से हटकर चला हूँ
लीक से हटकर चलूँगा।
मौत-सी ख़ामोशियों में
मैं तुम्हें ज़िन्दा मिलूँगा। (पृष्ठ 45)

कवि 'बेचैन' की कविताओं में एक रंग प्यार का भी है। उनका प्यार एक सतत इन्तज़ार है। इस संग्रह की अन्तिम कविता 'इन्तज़ार' में अस्वीकार का दंश देखिये कितना तीखा है–

आप मुझे/स्वीकारेंगे यदि/इतनी/उम्मीद रही होती/जीवन की/अन्तिम साँसों तक/इन्तजार/कर लेता मैं। (पृष्ठ 56)

उनकी 'न रुकी मेरे लिए' भी एक ऐसी कविता है।

यूँ तो कवि श्यौराज सिंह 'बेचैन' ने इस काव्य संकलन के प्रारम्भिक वक्तव्य में पहले शब्द में ही स्पष्ट कर दिया है कि–"उनके पास भला तथाकथित शुद्धता वादी संस्कार कहाँ से आयें? सृजन के कलापक्ष की शास्त्रीय लीक वे कैसे और क्यों पीटें? वह लीक जब उनकी सृजनशीलता को अवरुद्ध करती हो और

उन्हें उनके पाठकों से दूर ले जाती हो तब केवल जिजीविषा ही उनके रचनात्मक आवेग का केन्द्र बनती है और शर्तें रचना के आगे नहीं, पीछे-पीछे पूरी होती चलती हैं, वह भी अपने स्वरूप में।" तो भी कवि की भाषा में एक रचनात्मक प्रवाह है, वे अपनी बात को, अपने ढंग से कहने में पूरी तरह सक्षम हैं। दलित कविता के इस युगान्तर कामी हस्ताक्षर के इस कविता संग्रह का निश्चय ही हिन्दी काव्य संसार में भरपूर स्वागत होगा। ऐसा मुझे विश्वास है।

(पूर्वदेवा, युद्धरत आम आदमी, अंगुत्तर और समकालीन जनमत से साभार)

❑❑